Mykosen

ECON Ratgeber

Zum Buch

Pilzerkrankungen haben ein vielfältiges Erscheinungsbild, das von Fuß- und Nagelpilzen bis hin zu den oft schwer nachweisbaren Pilzinfektionen des Nervensystems, der Genitalien, des Verdauungstraktes oder der Gelenke reicht. Die Heilpraktikerin Ulla Kinon erforscht seit Jahren diese (un)heimliche, oft unerkannte Krankheit und das Umfeld der davon betroffenen Menschen. In ihrem Ratgeber stellt sie detailliert die Symptome vor, die einen Arztbesuch erfordern, und die möglichen Therapien. Das Hauptgewicht des Buches liegt jedoch in der Prophylaxe. In konkreten Beispielen zeigt die Autorin, wie durch eine wenig aufwendige Umstellung von Verhaltensweisen Vorbeugung, Abwehr und Heilung möglich wird.

Zur Autorin

Ulla Kinon ist Heilpraktikerin und arbeitet in der eigenen Naturheilgemeinschaftspraxis. Sie ist Autorin mehrerer Bücher.

Ulla Kinon

Mykosen

Pilzinfektionen, die (un)heimliche Krankheit

Diagnose · Schutz · konventionelle und alternative Heilmethoden

ECON Taschenbuch Verlag

Lizenzausgabe

Veröffentlicht im ECON Taschenbuch Verlag GmbH,
Düsseldorf, 1995, 3. überarbeitete und aktualisierte Auflage

Umschlaggestaltung: Molesch/Niedertubbesing, Bielefeld
Satz: HEVO GmbH, Dortmund
Druck und Bindearbeiten: Ebner Ulm
Printed in Germany
ISBN 3-612-20527-7

Das vorliegende Buch hat den Zweck, die tieferen Zusammenhänge im Umfeld der Mykosen aufzuzeigen. Präventive Selbsthilfe in bezug auf Ernährung und Hygiene ist begrüßenswert; erkrankte Personen brauchen jedoch in jedem Fall medizinische Fachhilfe. Dieser Ratgeber dient dem besseren Verständnis, ersetzt aber weder Arzt noch Heilpraktikern.

Inhalt

Vorwort 11

Fördern Umweltfaktoren die Mykosen? 14

Was bedeuten Krankheiten? 24

Was sind Mykosen? 27

Welche Faktoren begünstigen die Ausbreitung von Mykosen? 31
Sechs Hypothesen 31
Welche Rolle spielen Nahrungsmittel? 40
Ansteckung durch Tiere oder Pflanzen 41
Pilze in der Wohnung 42

Erscheinungsformen von Hautmykosen 45

Welche Erscheinungen finden wir bei Schleimhautmykosen? 51
Orale Mykosen 51
Scheidenmykosen 52

Welche inneren Mykosen kennen wir? 59
Mykosen des Verdauungstraktes bei Kleinkindern 61
Mykosen des Verdauungstraktes bei Kindern und Erwachsenen 65
Mykosen der Lunge und der Bronchien 71
Mykosen des Urogenitaltraktes 77
Mykosen des Kopfes 80
Mykosen der Gelenke 84
Mykosen des Nervensystems und des Gehirns 88

Schulmedizinische Diagnosemöglichkeiten 91
Labormethoden 91
Materialgewinnung 92
Visuelle Diagnose 93

Alternative Diagnosemöglichkeiten 95
Dunkelfeldmikroskopie 96
Elektroakupunktur (EAP) nach Dr. Voll 97
Wie sieht die praktische Anwendbarkeit der EAP aus? 99
Wie erkennt man eine Mykose durch Elektroakupunktur? 101
Energetische Testmethoden 102

Welche naturheilkundlichen Therapieformen stehen zur Verfügung? 104
Welche äußeren Therapien? 105
Welche inneren Therapien? 110
Was versteht man unter einer Nosodentherapie? 111
Gibt es patientenspezifische Heilmethoden? (Mora) . . . 116
Welche weiteren oralen Antimykotika stehen uns zur Verfügung? 119

Wer oder was schwächt unsere Abwehr? 122

Welche Bedeutung hat das Blut für die Abwehr? 133

Welche Abwehrfunktion hat die Lymphe? 137

Welche Medikamente zur Abwehrsteigerung? 142
Spurenelemente 142
Immunstimulierende Medikamente 151
Bachblüten/Edelsteine/Farben 153
Psycotron/Emotional Clearing/Kinesiologie 156

Welche psychischen Ursachen führen zu Mykosen? .. 161
Das Gesetz der Polarität 161
Die Organsprache 165
Die Krankheitsgruppen 173
Entzündung 173
Autoaggression 175
Allergie 176
Das seelische Prinzip des Krebses 177
Welche seelische Situation führt zur Degeneration? ... 181
Das seelische Prinzip der Mykosen 183

Fallstudien 190
Enteromykose eines Säuglings 192
Hautmykose eines Kleinkindes 196
Mykose der Lendenwirbelsäule 198
Mykose der Niere 200
Mykose der Lunge 202
Nagelmykose 204

Anhang 206

Vorwort

Zur ersten Auflage

Die ersten Seiten dieses Buches schreibe ich an einem unberührten, kraftvollen irischen Strand, der mir hoffentlich die nötige Energie geben wird, Ihnen in ehrlichen, eindringlichen und gleichzeitig hilfreichen Worten die vielen Gesichter der (un)heimlichen Krankheit MYKOSEN aufzuzeigen.
Ich schreibe aus meiner Verantwortung als praktizierende Heilerin, als Heilpraktikerin heraus und werde deshalb immer bemüht sein, zum praktischen Verständnis das nötige theoretische Wissen so einfach und so bildhaft wie möglich zu vermitteln.
Es gibt bis heute – unverständlicherweise – kaum Autoren, die sich mit den diagnostischen und therapeutischen Problemen der menschlichen Mykosen schriftlich auseinandergesetzt haben. In Gesprächen mit Kollegen taucht immer wieder die gleiche Problematik auf: Auf der einen Seite wächst die Zahl der Menschen, die unter einer chronischen oder akuten, unerkannten oder diagnostizierten Mykose leiden, von Jahr zu Jahr in erschreckendem Ausmaß. Auf der anderen Seite werden sowohl die Therapeuten als auch die betroffenen Patientinnen und Patienten mit dieser Situation alleine gelassen – und damit völlig überfordert.

In diesem Buch werde ich versuchen, auf diese Situation einzugehen und sie von den verschiedensten Seiten zu beleuchten: Warum erleben wir gerade in unserer Zeit einen derartig extremen Anstieg der Mykosen? Wieso ist die schulmedizinische Diagnose dieser Krankheit noch immer unzulänglich? Hinter welchen Gesichtern kann sich eine Mykose verstecken? Welche körpereigenen Abwehrmechanismen stehen jedem von uns zur Verfügung? Wie stärken oder schwächen wir diese Körperkräfte? Kann die Schulmedizin wirksame Medikamente für eine dauerhafte Heilung einsetzen? Stehen uns in der Naturheilkunde Methoden und Mittel zur Verfügung, die ohne Nebenwirkungen vorbeugend und heilend wirken? Wer wird krank? Gibt es eine Mykoseveranlagung? Kann man sich anstecken? Oder kennt man psychische Auflösefaktoren?

Auf alle diese Fragen möchte ich eingehen. Ich werde versuchen, Antworten zu geben, die Ihnen weiterhelfen sollen, sich ganz persönlich – ob als Therapeutin bzw. Therapeut oder betroffener Patient – mit diesem Problem zu beschäftigen. Einige Antworten sind eigene Hypothesen, die aus der Praxis, dem Studium und auch aus der Intuition entstanden sind. Deshalb hoffe ich auf einen regen Gedankenaustausch mit meinem Publikum, um die daraus resultierenden Erkenntnisse gemeinsam im Kampf um unsere Gesundheit einsetzen zu können.

Ich danke Ihnen im voraus für Ihr Engagement, dieses Buch nicht nur gekauft zu haben, sondern es jetzt auch noch lesen zu wollen! Leider kann ich Ihnen für die Lektüre nicht »viel Spaß« wünschen – dafür aber viel Kraft und klare Gedanken.

Irland, im Mai 1986

Zur dritten Auflage

Die Erkrankungen durch die verschiedensten Pilze nehmen in erschreckendem Maße zu. Therapeuten und Betroffene suchen immer dringender nach neuen Methoden für die Diagnose und die Heilung.
Die Aktualität des vorliegenden Buches ist dadurch noch gestiegen, wobei die Erkenntnisse und praktischen Erfahrungen der vergangenen Jahre zu einer Erweiterung und Vertiefung der verschiedenen Themen geführt haben.
Das Literaturverzeichnis und die Präparateliste habe ich ersatzlos gestrichen, da dadurch für die Patienten eher eine zusätzliche Verwirrung entstanden ist, während für die Therapeuten die Möglichkeit besteht, über die Arbeitsgemeinschaft für Mykosen die nötigen Fachhinweise zu erhalten.
Ich danke den vielen Patientinnen und Patienten für ihre Hinweise, ihr Vertrauen und ihre Mitarbeit, wodurch wichtige Erkenntnisse gewonnen und neue Heilungswege erfolgreich beschritten werden konnten.
Auf Wunsch des Verlages und der Lektorin sind die ursprünglich einheitlich männlichen Substantive aus Gründen der Gleichberechtigung teilweise durch die weibliche Form ersetzt worden, z. B. abwechslungsweise »Patient« und »Patientin«.

Frankfurt/Irland, im März 1994 U. Kinon

Fördern Umweltfaktoren die Mykosen?

Immer wieder tauchen die vielfältigen Fragen auf: Warum nehmen die Mykosen in solch erschreckendem Maße zu?

Warum verursachen sie »neue« Krankheitsbilder?

Warum versagen häufig die klassischen Diagnosemöglichkeiten?

Warum gibt es immer noch keine sicher wirkenden Medikamente?

Energetische Defizite und eine unnatürliche Lebensweise fördern Mykosen

Äußere Mykosen der Haut und der Schleimhaut lieben ein feuchtes Milieu mit veränderten pH-Werten. Alle Mykosen bevorzugen einen Wirtsorganismus – einen Menschen, der in einem energetischen Defizit lebt und der sich möglichst weit von einer naturgegebenen Lebensweise entfernt hat.

Und genau diese Situation ist heute zur Norm geworden! Was bedeutet das Wort »Norm« oder »normal« in unserem Sprachgebrauch? Es beschreibt ein Verhalten, das auf den größten Teil einer Menge zutrifft. Wenn viele Menschen etwas Bestimmtes bevorzugen, ablehnen, praktizieren usw., wird es zur Norm erhoben, nach der sich dann alle mehr oder weniger blind richten können. Wer behauptet aber, daß ein Fehler, der von vielen begangen wird, nun kein Fehler mehr ist? Wer

befiehlt der Natur, sich plötzlich nach neuen Normen, nach unseren neuen Lebensgesetzen zu richten?
Die Natur bleibt ihren Gesetzen absolut und ewig treu, also müssen wir Menschen wieder lernen, diese Gesetze zu respektieren – zumindest wenn wir uns als seelisch, geistig und körperlich gesunde Bewohner dieses Planeten fühlen wollen.
Ich kann Ihnen im Verlaufe meiner Ausführungen ersparen, immer wieder Gedankensprünge zu unserem göttlichen Ursprung zu machen. Wir sind ein Teil der Schöpfung – ein winziger, aber wichtiger Teil –, und diese Tatsache kann und darf niemand von uns ungestraft vergessen.
Nun zurück zu den Mykosen der Haut: Während meiner Schulzeit kannten wir keine Fußpilze – heute kennen wir fast keinen Menschen mehr ohne Fuß- oder Nagelmykosen. Warum ist das so, was hat sich verändert? In die Bekleidungsindustrie ist die Kunstfaser eingezogen mit ihren vielen »Vorzügen«. Sie ist preiswert, pflegeleicht, haltbar und farbecht – auf der anderen Seite verändert sie das Hautmilieu, Schweiß wird nicht mehr aufgesogen, und das Energiefeld des Menschen wird durch die statische Aufladung empfindlich verändert.
Besonders die Füße leiden unter dieser gestauten Feuchtigkeit, zumal sie ja heute außer in Kunstfaserstrümpfe auch noch in Schuhe mit Gummisohlen oder gar in Turnschuhe gesteckt werden. In so einer feuchtwarmen Umgebung fühlen sich Pilze »so richtig wohl« und danken es dem Träger mit ausgedehnten, therapieresistenten Pilzkulturen zwischen den Zehen und an den einzelnen Nägeln! In einem sol-

Kunstfasern schaffen ein feuchtwarmes Milieu und verändern das Energiefeld des Menschen

chen Fall nützt keine noch so gute oder teure Medizin, hier muß dem Fuß erst einmal wieder eine natürliche zweite Haut gegeben werden, damit die erste Haut heilen kann.

Ähnlich wie den eben beschriebenen Füßen ergeht es heute leider auch vielen Babypopos. Der Mutter wird in der Reklame ein trockenes, pflegeleichtes Kind versprochen - erreicht durch teuren Zellstoff samt einer luft- und wasserdichten Plastikhülle. Auch hier wird den Pilzen wieder ein optimales feuchtwarmes Klima angeboten, von dem sie leider sehr häufig Gebrauch machen. Gegen diese sogenannte Windeldermatitis verschmiert die Mutter zwar viele teure Cremes - mal mit künstlichen Vitaminen, dann mit Antimycotica oder sogar mit Corticoiden -, aber eine dauerhafte Heilung dieser für das Baby sehr schmerzhaften Schädigung ist nur durch die altbewährte Wickelmethode mit Mullwindeln oder Moltontüchern zu erreichen. Ich bin in meiner Praxis immer wieder entsetzt und erstaunt über die Tatsache, daß die meisten modernen Mütter die guten alten Stoffwindeln nicht mehr kennen und sich bis zum Besuch bei mir auch noch gar keine Gedanken über mögliche Zusammenhänge von Wickelmethode und wundem Babypo gemacht haben.

Die jungen Mütter und Väter werden bei der ärztlichen Beratung nicht darauf hingewiesen, daß im Zellstoff oft schädliche künstliche Zusätze enthalten sind, und daß die äußere Kunststoffschicht jegliche Hautatmung unterdrückt.

Über die Haut eines jeden Menschen können viele Stoffwechselschlacken ausgeschieden werden (Schweiß, Wasser, Säuren, Salze usw.), ebenso ist sie aber auch in der Lage, nützliche und schädliche Substanzen aufzunehmen. Sie absorbiert die Giftrückstände oder Pharmaka der Salben ebenso wie die Fabrikationszusätze des Zellstoffs oder die Weichspüler der Wäsche. Sofern die Haut nicht luftdicht verpackt ist, nimmt sie auch Luftsauerstoff auf, ebenso wie wir über die Haut in engem Kontakt mit anderen energetischen Kräften der Erde stehen.

Warum fühlen sich sensible Menschen oft so unwohl in Kunstfaserkleidung? Warum mutet man sie dann trotzdem wehrlosen Kleinkindern zu, nur weil alles so pflegeleicht und preiswert ist? Bitte stellen Sie sich die folgende Situation einmal deutlich vor: Sie liegen auf einer Schaumstoffmatratze mit zusätzlichem Gummituch, Stuhl und Urin bleiben Ihnen als »warme Pakkung« für Stunden erhalten, der Schweiß des schwitzenden Rückens wird vom Dralonpullover nicht aufgesogen, die Nase atmet Formalin oder Kunststoffausdünstungen des Bettchens oder Kinderwagens ein – und das Ganze wird liebevoll zugedeckt mit einem dikken schönen Polyesterkissen. Bitte mal gedanklich vier Stunden ausprobieren! Wenn Ihnen nach Schreien zumute ist, nehmen Sie ruhig einen Kunststoffschnuller in den Mund!

Leider gibt es aber auch viele Erwachsene, die vergeblich versuchen, eine Mykose am After, in der Leistenbeuge, unter der Brust oder in der Achselregion mit äußerlich oder innerlich angewandten Medikamenten zu bekämpfen, ohne gleichzeitig die Kunstfasern aus ihren Kleiderschrank zu verbannen.

Bitte verstehen Sie mich nicht falsch: Nicht alle, die vorwiegend Kunstfasern direkt am Körper tragen, bekommen eine Mykose, aber alle Mykoseerkrankten sollten diesen zusätzlichen Störfaktor meiden! Es bleiben dann immer noch genügend andere mögliche Krankheitsauslöser, die wir oft nicht so einfach eliminieren können wie die Kunststoffe in unserer Kleidung.

Einen kleinen Abschnitt möchte ich in diesem Zusammenhang auch unseren Waschmitteln widmen. Phosphate als Zusätze sind zwar, ebenso wie die Weichspüler, meines Wissens »nur« zuständig für vielfältige Allergien der Haut, der inneren Organe und des Nervensystems. Aber damit werden sie oft zu Wegbereitern von inneren und/oder äußeren Mykosen, ohne daß man sie direkt erkennt und somit auch nicht gezielt bekämpft, d. h. vermeidet. Ich gebe zu, ich mag auch keine brettharten Frotteehandtücher. Aber da ich gleichzeitig auch noch im ständigen Kampf mit Petrus und seinem Trockenwetter stand, habe ich für mich das Problem mit einem einfachen Wäschetrockner gelöst. Es ist natürlich auch nur ein Kompromiß, denn er kostet Strom, und die Wäsche kann nicht mehr nach Sonne und Wind riechen ... Zu den phosphathaltigen Waschmitteln ist von anderen Seiten zum Glück schon viel gesagt und geschrieben worden. Wir haben heute neutrale Mittel, die weder uns noch unserer Umwelt allzu großen Schaden zufügen – also sollten wir sie auch benutzen!

Verwenden Sie keine phosphathaltigen Waschmittel oder Weichspüler

Mykosen befallen unsere erste direkte Haut, die Kleidung wird oft als unsere zweite Haut bezeichnet, und ich möchte jetzt etwas über unsere dritte Haut, unsere mittelbare und unmittelbare Umgebung schreiben. Auch sie trägt heute ihren negativen Teil zur Ausbreitung der Mykosen bei, ohne daß wir sie bei der Therapie immer berücksichtigen und den Patienten entsprechend aufklären. Umwelt ist unsere Wohnung mit Bett, Bürostuhl, Arbeitsplatz, Teppichboden, Elektroinstalla-

tion, Fernseher, Klimaanlage, Stahlbetonwänden, geopathischen Störfeldern und und und ...
Dies ist ein sehr großes und wichtiges Gebiet, das durch die Forschung und die Erkenntnisse von Baubiologen, Physikern und Naturheilkundigen für interessierte Laien und engagierte Therapeuten langsam durchschaubar und begreifbar wird. Und was man »schauen« und »greifen« kann, verliert seine Geheimnisse, es kann von uns bewußt erfaßt, verändert und/oder gemieden werden.
Ich predige nicht: Unter allen Umständen zurück zur Natur, zurück in die Steinzeit mit Holzhäusern, Wollkleidung und offenem Feuer! Aber ich möchte dazu beitragen, die Sinne für diejenigen Dinge zu sensibilisieren, die uns und unserer Erde in einem Maße schaden, das in keiner Relation zu dem erreichten Nutzen steht. Wir können unsere Energie aus Holz, aus Kohle, aus Sonnenkollektoren oder Windrädern gewinnen; wir können aber auch versuchen, die Atome zu spalten ...
Wo sind die naturgegebenen Grenzen unseres Wissens, unserer Fähigkeiten und unserer Befugnisse, mit Dingen umzugehen, die wir weder mit unseren fünf Sinnen noch mit den Erkenntnissen der Physik, der Chemie oder anderer naturwissenschaftlicher Disziplinen in allen Dimensionen erfassen können? Es gibt heute anerkannte Phänomene in der Natur, die noch nicht mit Geräten geortet oder gemessen werden können. Ich denke hier z. B. an das Aufspüren von Wasseradern durch Rutengänger für die Brunnenbohrung. Das Wissen darum und die speziellen sensiblen Fähigkeiten für solche Tätigkeiten waren früher selbstverständliches überliefertes Gedankengut. Dann kam das Zeitalter der Aufklärung: Die Ratio besiegte die Intuition, der

Mensch wollte der Natur sagen, wie sie zu funktionieren habe. Damit haben wir gegen das Schöpfungsgesetz verstoßen, damit haben wir uns selber aus der Schöpfung ausgestoßen.

Nun zurück zu unserer künstlich geschaffenen Umwelt. Warum verändern die Strahlen des Bildschirms zu Hause und im Büro unser Wohlbefinden, unser Blutbild, unsere Augen, unsere Erbinformationen? Wir sehen sie doch nicht, wir spüren sie nicht, sie sollen – wissenschaftlich betrachtet – »fast« unschädlich sein! Warum leiden so viele Menschen unter chronischen Affektionen der Nase und der Nebenhöhlen, wenn sie in Betrieben mit einer Klimaanlage arbeiten müssen? Warum ist die »Kunstluft« anders als die natürliche Luft? Heute kennt man die elementare Bedeutung der Luftionen für unsere Lebensenergie, heute kann man sie nicht nur messen, sondern auch schon künstlich herstellen. Welche Architektin, welcher Betriebsleiter, welche Therapeutin nutzt dieses Wissen für ihren bzw. seinen Arbeitsbereich? Jeder versteckt sich hinter der Ausrede, unser Körper könne solche Fremdstrahlen, solche kleinen Veränderungen unserer Atemluft leicht verkraften.

Diese Rechnung geht auf Dauer nicht auf. Die Zeche bezahlt der einzelne Mensch, der unter diesen veränderten Umweltbedingungen leben und arbeiten soll. Er bezahlt mit seinem Wohlbefinden, mit seiner Lebensenergie und mit seiner Gesundheit. Warum sind so viele Menschen bereit, diesen hohen Preis zu zahlen? Weil sie gar nicht wissen, daß sie bereits seit Jahrzehnten zur Kasse gebeten werden! Alle tun es doch, dann wird es schon richtig sein!

Ich hatte einleitend bereits gesagt, daß ich nicht jede neue technische Errungenschaft verdamme, aber ich möchte alle Betroffenen auffordern, sich so weit und so gut wie möglich über die Relation von Nutzen und Schaden zu informieren. Ich schreibe hier ja kein Buch über Umweltschutz, sondern über Mykosen – und deshalb habe ich ganz wahllos nur zwei Beispiele beispielhaft herausgesucht. Weder Bildschirmstrahlung noch falsche Luftionisation erzeugen Mykosen. Aber ein Mensch, dessen Vitalkapazität durch die vielfältigen negativen Umweltbedingungen geschwächt ist, wird leider wesentlich häufiger und schwerwiegender von Mykosen betroffen.

Wägen Sie Nutzen und Schaden technischer Errungenschaften sorgfältig ab

Natürlich werden BildschirmarbeiterInnen gesetzlich geschützt, aber es gibt noch keine wissenschaftlichen Tests für Wohlbefinden, seelische Ausgeglichenheit und Abwehrstärke. Mögliche Erbschäden kommen erst in der nächsten Generation zum Vorschein; wer denkt da noch an den Bildschirm zu Hause oder im Büro? Warum klärt die Fernsehindustrie die Verbraucher nicht auf? Kennt sie die Gefahren überhaupt? Fürchtet sie vielleicht, dann weniger Apparate zu verkaufen? Ich glaube, diese Furcht ist unbegründet, denn erstens macht Fernsehen Spaß, zweitens macht es süchtig, und drittens sieht und spürt man die negativen Strahlen nicht!
Ich möchte es bei diesen Beispielen belassen. Jeder und jede einzelne von uns muß sich heute mit der speziellen Umweltsituation bewußt und ehrlich auseinandersetzen. Welche Materialien für die Kleidung, den Teppich, die Bettwäsche? Welchen Anstrich für die Wände und die Möbel? Wie isoliere ich meine Elektroinstallation effektiv, besonders während der Nacht am Schlafplatz? Wie vermeide ich es, auf geopathischen Störzonen zu leben? Welche gesundheitlichen Gefahren

drohen mir durch das Auto mit seinen Abgasen, dem Katalysator und der elektrostatischen Aufladung? Wie reagiert mein Körper auf das heutige Überangebot an optischen und akustischen Reizen, welche Auswirkungen haben Hetze und Streß auf unser Abwehrsystem, auf unser Nervensystem? Alle diese Umweltfaktoren haben einen kulminierenden Effekt, d. h., sie verstärken sich gegenseitig, und die Rechnung sieht für unseren Körper vielleicht so aus: 1 Reiz plus 1 Reiz plus 1 Reiz = 5fache Schädigung, die dann in dieser Stärke vom Körper nicht mehr ausreguliert werden kann.
Den großen Einfluß, den unsere Ernährung bei der Entstehung und Therapieresistenz der Mykosen hat, werde ich an anderen Stellen ausführlich beschreiben. Die Reaktorkatastrophe von Tschernobyl in der ehemaligen UdSSR hat uns sehr deutlich gezeigt, daß Nahrung, Umwelt und Gesundheit viel enger verknüpft sind, als das vielleicht einige von uns bis jetzt wahrhaben wollten. So wie wir mit naturbelassener, sonnenbestrahlter Nahrung positive Lebenskraft aufnehmen, so vermindern wir – unbemerkt und unbewußt – mit bestrahlten und denaturierten Produkten unsere vitalen Energien oft bis an die Grenze der Lebensfähigkeit.
Wie können wir uns davor schützen, daß Nahrungsmittel aus Profitgier zur Haltbarmachung bestrahlt werden? Was gibt es Ihnen persönlich für ein Gefühl, wenn selbst nach der Katastrophe von Tschernobyl weltweit keine veränderte Einstellung zu Atomkraftwerken festzustellen ist? In dieser Situation können wir noch nicht einmal den Kopf in den Sand stecken, denn der Sand ist dazu schon viel zu verseucht!

Zusammenfassung:

Mykosen haben in großem Ausmaß zugenommen. Zahlreiche veränderte Umweltbedingungen, z. B. die weitverbreitete Verwendung von Kunstfasern, immer neue chemische Substanzen und der zunehmende Elektrosmog durch elektrische Geräte usw. schwächen den Körper, insbesondere die äußere Haut und die inneren Schleimhäute. In diesem Milieu können sich Mykosen rasch ausbreiten. Deshalb sollten alle Faktoren, die die Körperabwehr beeinträchtigen, vermieden werden, soweit dies unter den gegebenen Umständen realisierbar ist.

Was bedeuten Krankheiten?

Wir kennen als Krankheitsauslöser Viren, Bakterien, Pilze und tierische Erreger. Ebenso wissen wir, daß Strahlen krankhafte Veränderungen hervorrufen können: vom Sonnenbrand bis zum Tod durch radioaktive Strahlung. Nahrungsmittel können zu Vergiftungen und damit zu Krankheitserscheinungen führen; ebenso wie Giftbestandteile in der Atemluft. Seelischer Streß und Schock lassen den Stoffwechsel krankhaft entgleisen; und nicht zuletzt kennen wir angeborene Defekte, die auch unter den Sammelbegriff »Krankheiten« fallen.

Bei jeder Erkrankung sollten wir nicht nur nach der Ursache fragen, sondern auch nach den speziellen äußeren und inneren Begleitumständen. Dethlefsen hat dazu den Begriff von der »Qualität der Zeit« geprägt; und bereits im 19. Jahrhundert wurde der wichtige Satz formuliert: »La microbe n'est rien, le terrain est tout.« (Der Erreger ist nichts, das Terrain ist alles.) Das bedeutet, daß nur erkranken kann, wer die seelische und körperliche Bereitschaft zur Zeit der Ansteckung mitbringt, wer eine augenblickliche Affinität gerade zu dieser bestimmten Krankheit entwickelt hat. Ich werde später in diesem Buch näher auf diese – weniger medizinischen,

»Der Erreger ist nichts, das Terrain ist alles«

mehr philosophischen – Gedanken eingehen. Für Interessierte kann ich das Buch von T. Dethlefsen *Krankheit als Weg* vorbehaltlos empfehlen. Aber man sollte sich vor der Lektüre prüfen, ob man für sich die Erkenntnis, daß *jede* Krankheit eine seelische Heilreaktion ist, akzeptieren kann. Die Medizin nennt diese Disziplin »Psychosomatik«, eine Verschmelzung der Worte Psyche = Seele mit Soma = Körper. Hier werden Gedankengänge der Evolutionsidee, des Karmagesetzes (Gesetz von Ursache und Wirkung) und der Religionsphilosophie verschmolzen zu einer neuen Sicht des Krankheitsgeschehens:
Der Mensch ist ein Komplex aus Seele, Geist und Körper, wobei die göttliche Seele über den Geist den stofflichen Körper regiert – und nicht umgekehrt, wie uns in unserer materiell orientierten Welt immer wieder eingeredet wird.
Unsere Seele muß sich weiterentwickeln, muß neue emotionale Erfahrungen machen. Da aber alles Wachsen, alles Erproben mit Arbeit, Ängsten und Unsicherheiten verbunden ist, versuchen wir ständig, uns davor zu drücken. Die Seele hat kein Sprachrohr, sie kann nicht schimpfen oder ermuntern, deshalb bedient sie sich des Körpers als Lehrmeister. Genau an dieser Stelle beginnt die Psychosomatik. Wenn ich Dinge »runterschlucke«, die ich seelisch nicht »verdauen« kann, werde ich körperliche Magenbeschwerden bekommen. Wenn ich die »Nase gründlich voll« habe, werden der akute Schnupfen oder die chronische Sinusitits nicht lange auf sich warten lassen.

Die Heilung einer Krankheit erfordert oftmals auch einen seelischen Reifungsprozeß

Wir können zwar, wie heute üblich, mit drastischen medizinischen Eingriffen einzelne Symptome unterdrücken oder wegoperieren, aber ohne den gleichzeitigen seelisch-geistigen Erkenntnisschritt wird diese Einheit Mensch immer kränker, immer mehr an die Materie gebunden. Dies ist ein Gesetz (fast) ohne Ausnahme. »Fast« steht für diejenigen Fälle, für die wir mit unserem kleinen menschlichen Verstand noch keine Erklärung finden können.

Dies war eine sehr lange, aber zum Verständnis des Buches unbedingt notwendige Erklärung des Begriffes Krankheit. Wenn ich Sie jetzt wieder zurück zum Thema Mykosen führe, sehen Sie diese Erreger vielleicht nicht mehr als Feinde an, sondern gleichzeitig auch als Warnsignale, die es in dieser Vielfalt und Virulenz vorher noch nicht gab, auch nicht geben mußte.

Was sind Mykosen?

Mykosen nennt man Krankheiten, die durch pathogene (krankmachende) Pilze hervorgerufen werden.

Es gibt eine unübersehbar große Anzahl verschiedener Pilze, von denen (zum Glück!) nur ein kleiner Teil für den Menschen krankheitsauslösend wirkt. Der gleiche Pilzstamm kann, je nach seinen Umweltbedingungen, einmal pathogen und ein anderes Mal apathogen wirken. Hier spielen die Abwehrlage des Menschen, das jeweils befallene Organ und die Entwicklungsstufe des Pilzes eine sehr große Rolle.

Prof. Enderlein und andere Forscher haben erkannt und beschrieben, daß sich Mikroben von kleinsten Einheiten über Viren- und Bakterienstufen bis zu Pilzen entwickeln. Dafür prägten sie den Ausdruck »Cyclogenie«. Sie haben uns damit den Schlüssel zum Verständnis sehr vieler Krankheiten in die Hand gegeben, sie haben uns nachweisbar gezeigt, daß sich gleiche Erregerstämme in verschiedene Erregerformen verwandeln können, je nach ihren Umfeldbedingungen und ihren Entwicklungsstufen. Nur mit diesem Wissen als Basis ist es mir möglich, so schwerwiegende Krankheiten wie Mykosen, Krebs und AIDS in ihren körperlichen und seelischen Aspekten zu verstehen. Nur so ist es möglich, diagnostische und therapeutische Wege aufzuzeigen, die den Betroffenen und den Behandlern helfen, die jeweilige Krankheit zu vermeiden oder zu überwinden.

Die schulmedizinische Wissenschaft wird nicht umhin können, diese Erkenntnisse in ihr Gedankengebäude einzubauen, zumal alle geschilderten Fakten nachprüfbar, nachvollziehbar und therapeutisch anwendbar sind.

Die Klassifizierung, Einteilung und Benennung der verschiedenen Pilze hat der Wissenschaft schon viel Kopfzerbrechen bereitet. Es gibt für gleiche Pilze oft verschiedene Namen, es gibt unter dem gleichen Namen oft verschiedene Pilze. Einmal wurden Pilze nach ihrem Äußeren, dann nach der Lokalisation, dann wieder nach ihrer Fortpflanzungsart, ihrem Stoffwechsel oder dem Entdecker benannt.

Heute wird selbst in Fachbüchern zugegeben, daß es in der medizinischen Mykologie ein regelrechtes babylonisches Namensgewirr gibt, das einen Austausch von wissenschaftlichen Erkenntnissen sehr erschwert.

Die humanpathologischen Pilze werden in drei große Gruppen unterteilt: Dermatophyten, Hefe- und Schimmelpilze.

Humanpathologische Pilze werden in drei Gruppen eingeteilt: Dermatophyten, Hefe- und Schimmelpilze

Alle Pilze sind auf der einen Seite extrem genügsam in ihren Lebensbedürfnissen, auf der anderen Seite zählen sie zu den vitalsten und widerstandsfähigsten Organismen dieser Erde. Sie vertragen Temperaturen von weit unter dem Nullpunkt bis zu 60° C, die Wasserstoffionenkonzentration kann von pH 3 bis pH 9 variieren, ihre Nahrung besteht hauptsächlich aus organischen Kohlenstoffverbindungen.

Die Botaniker rechnen die Pilze zu den Pflanzen, obgleich sie Glykogen produzieren, kein Chlorophyll besitzen und ihre Zellwände häufig Chitin statt Zellulose enthalten – sie also auch typische Merkmale aus dem Tierreich aufweisen. Für Naturheilkundige spielt diese willkürliche Einteilung keine Rolle: Wir sehen die Entwicklungsstufen der verschiedenen Erreger in einem anderen Licht, in einem anderen Zusammenhang. Vom Viruspartikel geht der Weg zur pflanzlichen Bakterie bis hin zum Pilz, der wiederum das Bindeglied zum Tierorganismus bildet.

Zum besseren Verständnis der menschlichen Mykosen stellen Sie sich bitte folgendes Bild vor: Pilze wachsen im lockeren Waldboden, der hauptsächlich aus abgestorbenem organischem Material besteht, einem sauren Milieu, das den Pilzen als Nahrungsreservoir dient. Sie verbreiten sich durch das unterirdische Pilzgeflecht (Mycel) und vermehren sich gleichzeitig durch Sporenbildung.

Die pathogenen Pilze im menschlichen und tierischen Körper leben unter ähnlichen Bedingungen. Auch sie bevorzugen abgestorbenes oder zumindest krankes Gewebe als Wirtsorgan und Nahrungsspender. Auch sie vermehren sich durch die Ausbreitung des Mycels und durch Sporen, die extrem widerstandsfähig sind und über weite Strecken per Wind, Nahrung, Kleidung, Blut und Lymphe zu einem anderen Ort transportiert werden können.

Auf der äußeren Haut bevorzugen manche Pilze ein feuchtwarmes Milieu, andere lieben die behaarte Kopfhaut und die Nägel, und die dritte Gruppe befällt wahllos jede vorgeschädigte Hautstelle. Die Pilze der inneren Organe und der Schleimhäute sind oft identisch mit den Hautpilzen, nur verwandeln sie häufig ihre

Form und ihre Lebensgewohnheiten, wenn sie durch »günstige Bedingungen«, d. h. durch die Abwehrschwäche des betroffenen Menschen, von außen nach innen wandern. Deshalb finden wir heute Mykosen nicht nur auf der sichtbaren Haut, sondern erschreckend oft an und in den inneren Organen. Dann entlarvt man eine chronische atypische Bronchitis plötzlich als Mykose, und die schmerzhaften Blähungen eines Säuglings verschwinden schnell durch eine wirksame Mykosetherapie.

Zusammenfassung:

Pilze werden zu den Pflanzen gerechnet, obwohl sie auch typische Merkmale aus dem Tierreich aufweisen. Sie gehören zu den vitalsten und widerstandsfähigsten Organismen der Erde. Es gibt drei große Gruppen – Dermatophyten, Hefe- und Schimmelpilze –, die beim Menschen unter entsprechenden Umständen pathogen wirksam werden können. Voraussetzung für eine Pilzinfektion ist immer eine Abwehrschwäche des Körpers oder eines Körperteils.

Welche Faktoren begünstigen die Ausbreitung von Mykosen?

Immer wieder werde ich mit der Frage konfrontiert: Warum nehmen die Mykosen in Anzahl und Vielfalt von Jahr zu Jahr zu? Warum ist die Diagnose so schwierig? Warum gibt es – auch schulmedizinisch – noch keine sicher wirkenden Medikamente?

Sechs Hypothesen

Ich habe für mich einige Hypothesen entwickelt, die sich in der Praxis als richtig gezeigt haben, die ich aber an dieser Stelle nur als Denkanstoß, als Diskussionsgrundlage weitergeben möchte.

1. Hypothese: Im Laufe der Evolution hat der menschliche Organismus gelernt, die Strahlung aus dem Kosmos zu tolerieren, ja sie für Mutationssprünge auszunutzen. Ähnliche Prozesse fanden auch während der Herausforderung durch Viren und Bakterien statt. Der Mensch hat eine ganze Armee von Abwehrmechanismen aufgebaut im Kampf gegen krankmachende Mikroorganismen: Der Körper kann zentral oder lokal Temperatur erzeugen als wirksame Waffe, er hat die Möglichkeit, ganz spezifische Antikörper gegen die verschiedenen Erreger zu produzieren, und er besitzt gleichzeitig ein Abwehrsystem, das unspezifisch gegen jeden eingedrungenen Fremdkörper zu Felde zieht.

Diese riesige Armee wird befehligt von übergeordneten Zentren im Gehirn, die wiederum die Befehle an die ausführenden Organe weiterleiten. Solche Abwehrkräfte, die wir subjektiv als Fieber, Entzündung, Schwäche, Durchfall, Hautausschlag usw. erleben, sind nicht die eigentlichen Krankheiten, sondern die sinnvollen Versuche des Körpers, mit den exogenen oder endogenen Störfaktoren fertig zu werden, sie zu eliminieren. Wenn wir diese Heilreaktionen gewaltsam unterdrücken, nehmen wir dem Körper die Chance, sich selbst heilen zu können. Dann wird aus einer unterdrückten Grippe vielleicht eine latente Sinusitis oder ein chronisches Rheuma.

Dieser Abwehrmechanismus ist für Viren und Bakterien bestens eingeübt, aber beim Kampf gegen pathogene Pilze ist der Körper mit einer anderen Situation konfrontiert: Mykosen sind in den heute auftretenden Formen relativ »neue« Krankheiten, gegen die der Körper noch keine ausreichenden spezifischen Abwehrmechanismen entwickeln konnte. Er erkennt sie nur schwer, er weiß nicht, wie und wo er sie angreifen soll und kann. Deshalb bieten ein intaktes Immunsystem, gesunde Haut- und Organzellen und ein energetisch ausgeglichener Gesamtorganismus den einzigen Schutz gegen Pilze.

Der wirksamste Schutz gegen Pilzinfektionen ist ein gesunder Körper – er ist als Nährboden nicht geeignet

Sind die pathogenen Erreger erst einmal eingedrungen und haben sich festgesetzt, stehen dem Körper keine spezifischen Abwehrkräfte zur Verfügung, mit denen er aktiv in das Geschehen eingreifen könnte, wie das bei Viren und Bakterien der Fall ist. Gegen Pilze kann der

Körper nicht kämpfen, denn er hat es nie gelernt, da dies offensichtlich bis jetzt auch nicht nötig war.
In der Natur helfen die Pilze mit, abgestorbenes organisches Material zu zersetzen und es wieder in den großen Naturkreislauf einzufügen. Ein intakter Organismus – ob Pflanze, Tier oder Mensch – kann deshalb nie von einem pathogenen Pilz besiedelt und zersetzt werden. Aber ein kranker Körper ist ihnen wehrlos ausgeliefert! Deshalb besteht unser einziger Schutz in einer intakten Abwehr, deshalb bestehen alle unsere Therapien in der Wiederherstellung dieses gesunden Zustandes, wodurch den Pilzen der Lebensraum entzogen wird und sie fast automatisch verschwinden.

2. Hypothese: Pilze können sich nur auf einer geschädigten, einer kranken Haut ansiedeln. Also müssen wir vorbeugend und therapeutisch alles herausfinden, alles meiden, was zu einer solchen Schädigung führen kann. Zuerst denke ich hier an unsere übertriebene Hautpflege mit synthetischen Seifen, die den schützenden Säure- und Fettmantel der Haut auflösen. Nach einem Bad mit solchen Detergentien braucht der Körper einige Stunden, ehe er über die Schweiß- und Talgdrüsen seinen Schutzfilm wieder aufgebaut hat. Genug Zeit für Pilzsporen, sich eine erste Basis zu schaffen! Deshalb empfehle ich meinen Patienten, vorwiegend nur zu duschen, wenig Seife zu benutzen und dem Badewasser auf gar keinen Fall künstliche Mittel zuzusetzen. Warum nicht Milch oder Molke, Obstessig oder Kräuteraufgüsse als Badezusätze verwenden? Diese Regeln gelten ganz besonders für Babys und Kinder! Nach dem Bad bitte vorsichtig mit Cremes und Ölen umgehen, der Skandal mit den Giftrückständen in Baby-

Synthetische Seifen schädigen den Säure- und Fettmantel der Haut

cremes sitzt uns allen hoffentlich noch gut im Gedächtnis!
Eine weitere Schädigung der Haut müssen wir der Kunststoffkleidung und den Schuhen aus Gummi und Synthetik anlasten. Hier kann der Schweiß nicht aufgesogen werden, der pH-Wert verändert sich, und zu den Pilzen gesellen sich in einem solchen Milieu gerne auch noch Bakterien. In diesem Fall brauchen wir zur Diagnose nicht unsere Augen, sondern unsere Nase!
Eine mögliche Hautschädigung kann auch von den inneren Drüsen kommen. Durch den täglichen Streß und die übermäßige Beanspruchung unserer Nerven arbeitet unser Hormonsystem oft auf Hochtouren. Diagnosen wie Schilddrüsenüberfunktion, vegetative Dystonie, nervöse Herzrhythmusstörungen und Diabetes müssen leider häufig gestellt werden. Hier reagiert die Haut als enge Mittlerin zwischen Nervensystem und Umwelt mit vermehrtem Schwitzen und einer verstärkten Ausscheidung von Stoffwechselschlacken. Leider geht die Liste der Hautschädigungen, die wir uns freiwillig selber zufügen, noch weiter, und zwar mit den vielen Allergenen, d. h. den Stoffen, auf die unser Körper allergisch reagiert in Form von äußeren Hauterscheinungen oder inneren Schleimhautentzündungen. Wie oft ist eine Neurodermitis verbunden mit einer Mykose, wie oft siedeln sich bei einer allergischen Colitis auch noch Mykosen in diesem geschädigten Darmmilieu an! Die heutige Umweltverschmutzung und die unzähligen synthetischen Zusätze für Nahrungsmittel, Waschmittel, Kosmetika, Putzmittel usw. lassen die allergische Bereitschaft bei allen von uns in erschreckenden Ausmaßen ansteigen. Unser Körper kann künstlich hergestellte Stoffe nicht abbauen, er

kann sie nur im Gewebe ablagern oder über die Haut und die Schleimhaut wieder nach außen abgeben. Dies ist ein drängendes medizinisches Problem, auf das ich hier nicht näher eingehen möchte. Ich warne alle Betroffenen und alle, die ihre Gesundheit so weit und so gut wie möglich erhalten wollen: Meiden sie alles, was denaturiert, d. h. künstlich verändert ist, suchen Sie nach Lebensmitteln ohne künstliches Phosphat, studieren Sie die sogenannten E-Nummern, fahnden Sie nach Gemüse und Obst aus biologischem Anbau, verzichten Sie weitgehend auf Kosmetika, Waschzusätze, scharfe Reinigungsmittel usw.

Meiden Sie alles, was denaturiert und künstlich verändert ist!

Manchmal kommt mir die Aufklärungskampagne gegen alle diese krankmachenden Gifte wie Don Quichottes Kampf gegen die Windmühlenflügel vor! Aber ich mache weiter – und die Schar der Mitstreiterinnen und Mitstreiter wird zum Glück immer größer und immer fordernder, besonders im Hinblick auf die dringend benötigten Gesetzesänderungen! Alle müssen mitmachen, denn hier geht es um unsere Erde, um unsere Gesundheit und um unsere Kinder. Kinder werden von Allergien und Mykosen wesentlich häufiger befallen als Erwachsene, bei ihnen sind die körperlichen, vor allem aber die seelischen Folgen schwerwiegender. Für uns Therapeuten ist die Behandlung eines kranken Kindes, wenn wir es in der alten Umgebung lassen müssen, ein ernstes Problem. Grundlegende Umstellungen der Ernährungsweise, Vermeidung von liebgewordenen Lebensgewohnheiten und eine langsame seelische Veränderung sind oft Forderungen, die nicht nur das kranke Kind, sondern die ganze Familie betreffen.

Heute werden Hautkrankheiten, gleich welcher Ursache, häufig mit Cortisonsalben behandelt. Wenn man aber weiß, daß Mykosen eine cortisongeschädigte Haut besonders »lieben«, kann man sich den Teufelskreis: allergisches Exanthem - Cortisonbehandlung - Mykose - neuerliches Exanthem usw. gut vorstellen. Wo soll und darf man hier eingreifen? Ich werde versuchen, im Kapitel über die möglichen biologischen Therapieformen eine Antwort zu geben.

3. Hypothese: Nach dem Zweiten Weltkrieg gab es plötzlich eine neue Generation von Medikamenten mit einer unglaublich starken Wirkung gegen Bakterien: die Antibiotika. »Anti« heißt »gegen«, und »bios« heißt das »Leben«. Es sind folglich Mittel, die gegen das Leben gerichtet sind. Ich betrachte diese Namensgebung als einen geschmacklosen, makabren Scherz, der aber leider genau ins Schwarze trifft! Vor der Ära der Antibiotika kannten wir zwar schon vereinzelt Hautpilze, aber Beschreibungen über Mykosen der inneren Organe habe ich aus dieser Zeit noch nicht gefunden, abgesehen von den Schriften Prof. Enderleins, der uns jedoch eine andere Denkrichtung aufzeigt, die wir nicht mit den Abhandlungen über medizinische Mykologie vergleichen können.
Antibiotika bestehen aus Stoffwechselstrukturen spezieller Pilze, die in der Lage sind, Bakterien zu vernichten. Bei einer lebensbedrohenden Krankheit wie z. B. Scharlach oder einer Lungenentzündung können diese Medikamente wirklich lebensrettend sein, und wir müssen uns für ihre Entdeckung dankbar zeigen.
Aber wie sieht heute die Praxis aus? Da wird schon bei grippalen Infekten, leichten Entzündungen, ja sogar »vorbeugend« bei operativen Eingriffen nach dieser Wunderwaffe gegriffen. Ich habe Kleinkinder in mei-

ner Praxis, die pro Jahr vier bis sechs Antibiotika-Behandlungen über sich ergehen lassen mußten! Keiner fragt so einen kleinen Körper, wie er mit diesen vielen Fremdstoffen fertig werden soll!

Hier entstehen jetzt nämlich mehrere Probleme: Zunächst werden durch diese Therapie die krankheitsauslösenden Bakterien massiv abgetötet, ihre »Leichen« kann der Organismus aber nicht so schnell beseitigen, sie bleiben als Noxen, als Gifte, im Bindegewebe liegen und warten dort auf eine Ausscheidungsmöglichkeit. Dies ist aber, normalerweise, nur über eine neue Entzündung oder eine Stoffwechselaktivierung mit erhöhten Temperaturen möglich. Wenn der Körper diesen Versuch unternimmt, hat er seine Rechnung leider ohne die besorgte Mutter und den modernen Kinderarzt gemacht! Denn bei Entzündungen gibt's eine Ladung Antibiotika, bei Fieber wenigstens ein fiebersenkendes Mittel.

Falsch eingesetzte Antibiotika unterdrücken die natürlichen Abwehrmechanismen des Körpers

Ich möchte Sie bitten, einmal den Versuch zu unternehmen, das ganze Geschehen von der Warte des Körpers aus zu betrachten: Dieser hat ein ganzes Arsenal von Abwehrmechanismen, die er aber im Kindesalter erstmals trainieren muß. Ihm geht es ähnlich wie den Soldaten in ihrer Ausbildungszeit, auch sie müssen sich mit den verschiedenen Waffen vertraut machen, um sie im Ernstfall einsetzen und handhaben zu können. Und genau dieses Trainieren mit leichten Infekten und den sogenannten Kinderkrankheiten wird durch die moderne Medizin unterbunden, nicht nur mit Antibiotika und fiebersenkenden Mitteln, sondern auch mit den Impfungen.

An den Folgen leiden heute fast alle, die nach dem letzten Krieg geboren und schon in den zweifelhaften Genuß dieser neuen Wundermedikamente gekommen sind. Sie leiden unter einer allgemeinen Abwehrschwäche, bekommen kaum noch Fieber und sind somit extrem anfällig für schleichende Krankheiten wie Krebs – aber auch für Mykosen!

4. Hypothese: Die Häufigkeit von Pilzinfektionen nach einer Antibiotika-Therapie hat vielleicht auch noch eine andere Ursache: Antibiotika bestehen selber aus Pilzen, die man künstlich in den menschlichen Körper bringt. Bekommt der Mensch dadurch erst eine Affinität für Pilze, zieht er sie danach regelrecht an?
Ich stütze meine Vermutung auf das Simile-Gesetz der Homöopathie, die besagt, daß die Natur immer versucht, Gleiches mit Gleichem zu heilen. Geht es uns hier wie dem Zauberlehrling, der die Geister, die er rief, zum Schluß nicht mehr loswurde?
Wer kennt den Zauberspruch gegen Mykosen? Oder sollten wir der Natur bei ihren Heilungsversuchen – denn als solche müssen wir Entzündungen und Fieber sehen – in Zukunft lieber nicht mehr ins Handwerk pfuschen? Von ganz seltenen Ausnahmen abgesehen natürlich ...

Antibiotika zerstören auch lebenswichtige Bakterienstämme und begünstigen dadurch Pilzbefall

5. Hypothese: Diese Hypothese ist wissenschaftlich schon anerkannt, wird aber leider in der täglichen Praxis nur selten berücksichtigt. Antibiotika, die eingesetzt werden, krankheitsauslösende Bakterien zu vernichten, können leider nicht zwischen pathogen und apathogen unterscheiden, sie töten unterschiedslos auch diejenigen Bakterienstämme, die wir als Symbionten im gesamten Verdauungstrakt von der

Mundhöhle bis zum Anus beherbergen. Das bedeutet für uns, daß nach jeder massiven Antibiotika-Therapie zumindest die Darmflora so schnell und so gründlich wie möglich wieder »aufgeforstet« werden müßte, um zu vermeiden, daß sich auf diesen »kahlgeschlagenen« Stellen pathogene Erreger, besonders Pilze, unkontrolliert ausbreiten und zu schwerwiegenden Krankheiten führen, die sich oft kaum diagnostizieren lassen.

6. Hypothese: Die folgenden Ausführungen haben nur bedingt etwas mit den Mykosen zu tun, aber ich möchte sie der Vollständigkeit halber mit aufführen.
Wir haben in unseren Zellen bestimmte Organellen, die Mitochondrien heißen und für die Energiegewinnung des gesamten Körpers zuständig sind. Es sind sozusagen unsere Kraftwerke, in denen aus den Grundnahrungsstoffen unter Mithilfe von Sauerstoff und bestimmten Enzymen unsere Lebensenergie produziert wird. Diese Mitochondrien stammen entwicklungsgeschichtlich von den Bakterien ab und reagieren deshalb sehr empfindlich auf jede Antibiotika-Therapie. Sie werden dadurch geschwächt und/oder zerstört, und der Körper braucht eine gewisse Zeit, um sie wieder aufzubauen. Das ist sicher der Grund, daß man sich nach einer solchen tiefgreifenden Therapie oft noch lange geschwächt fühlt, obgleich die eigentlichen Krankheitssymptome doch relativ schnell zum Verschwinden gebracht wurden. In dieser energetischen und immunologischen Schwächephase sind neuen Erregern Tür und Tor geöffnet; Viren und Pilze profitieren besonders von dieser Situation, denn sie werden von den Antibiotika nicht beeinträchtigt, ihnen wird ja sogar durch diese Therapie erst einmal richtig Platz im Wirtsorganismus geschaffen!

Welche Rolle spielen Nahrungsmittel?

Eine Reihe von Pilzen schadet nicht nur durch ihre Ausbreitung im Gewebe, sondern auch durch die produzierten Toxine, die mit der Nahrung aufgenommen und als Gift oder Allergien wirksam werden können.
Besonders zu beachten sind die verschiedenen Aflatoxine, die auf den Menschen stark toxisch und krebserregend wirken. Hier kommen hauptsächlich verschimmelte Lebensmittel in Betracht, die uns dann nicht nur durch ihre Toxine schädigen, sondern auch als direkte Pilzüberträger gefährlich werden.
Aber auch innere Schimmelpilze produzieren natürlich Aflatoxine und wirken dadurch gleichzeitig als Pilz, als Giftproduzent und/oder als Allergen, wobei es dringend erforderlich ist, den Patienten diese Zusammenhänge aufzuzeigen und mit ihnen gemeinsam eine spezielle Heildiät zusammenzustellen.

Viele Pilze produzieren starke Gifte, die Aflatoxine

Das Gesagte trifft besonders auf kranke, geschwächte Personen zu, denen oft irgendeine einseitige »Phantasiediät« verordnet wird, die meist mehr schadet als nutzt. Wir sollten in der Praxis deshalb sehr umsichtig mit den Empfehlungen für eine sogenannte Darmsanierung oder Symbioselenkung sein. Ich hatte schon schwerkranke Patienten in meiner Praxis, die eine jahrelange (!) Symbiosenlenkung mit Diät und Medikamenten durchgeführt hatten, ohne daß der Stuhl während dieser Zeit gezielt auf pathogene Pilze oder die Diät auf mögliche Allergene untersucht worden wäre.
Nicht alles, was sich Naturheilkunde nennt, heilt auf natürlichem Wege! Auch hier sind es vor allen Dingen die Dosierung und die sinnvolle Zusammensetzung,

die aus einem natürlichen Mittel ein Naturheilmittel werden lassen.
Bei jedem Verdacht auf eine Hefepilzbesiedelung des Darmes müssen Kohlenhydrate stark eingeschränkt werden, raffinierte Zucker, Auszugsmehle und Fertigprodukte sollten auf alle Fälle gemieden werden - auch von Gesunden!
Schimmelpilze in Organen, besonders im Blut, können durch eine eiweißarme oder -freie Ernährungsweise in ihrer Vermehrung gehindert werden, wobei oft schon das Meiden von Milchprodukten, Soja, Eiern und Fleisch zu einer Heilung ausreicht.

Ansteckung durch Tiere oder Pflanzen

Ansteckungsquellen werden meist nur bei Familienmitgliedern, in Schwimmbädern, Saunen und Duschen gesucht. Es ist leider noch viel zu wenig bekannt, daß auch ein pilzkrankes Haustier als Erregerüberträger in Frage kommt. Ich denke besonders an Hunde, Katzen, Meerschweinchen, Kaninchen, Pferde, Kühe und Hühner, wobei wir nicht vergessen dürfen, daß auch der umgekehrte Infektionsweg möglich ist, daß nämlich ein Mensch einen jungen Hund oder eine junge Katze mit einer Mykose infizieren kann.
Oft noch unbekannt ist die Tatsache, daß auch Blumenerde aus Töpfen, der »Biotonne« und dem Mistbeet, besonders wenn sie gut gedüngt ist, zu einer Ansteckungsquelle werden kann. Einige Pilze können durch Pflanzen, Heu, Blumenzwiebeln und Holz übertragen werden; hierzu fehlen mir jedoch weitere Informationen und Erfahrungsberichte.

Und wie wirkt es sich auf den menschlichen Organismus aus, wenn er antibiotikaverseuchtes, mykotisch infiziertes Tier- oder Fischfleisch ißt? Zu diesem wichtigen Komplex verweise ich zusätzlich auf das Heftchen von Dr. Reckeweg »Schweinefleisch und Gesundheit« aus dem Aurelia-Verlag, in dem speziell auf das Problem der Abwehrschwächung und Virusinfektion durch Schweinefleisch eingegangen wird.

Pilze in der Wohnung

Übertriebene Isolierungen erzeugen ein zu feuchtes Raumklima und damit Pilzbefall

Ebenso wie bei den vorangegangenen Kapiteln, die sich mit Pilzen in Lebensmitteln, Tieren, Pflanzen und Erde befaßten, stehe ich auch jetzt wieder vor dem Problem, daß es fast keine Literatur und keine Erfahrungsberichte darüber gibt, welche Pilzgattungen und welche Mykoseformen wir vorwiegend in der Wohnung finden, wie wir sie erkennen und wie wir uns davor schützen können. Schimmelpilze, denn um diese handelt es sich vorwiegend, lieben feuchte Wände und sind deshalb natürlich besonders häufig im Bad sowie in Kellerwohnungen zu finden. Aber auch in Neubauwohnungen, die noch nicht austrocknen konnten, siedeln sie sich gerne hinter Schrankwänden und Bildern an. Sie profitieren dabei von den übertriebenen Isolierungstechniken, die heute in Neubauten angewandt werden. In »alten« Gebäuden herrscht ein ständiger Luftaustausch durch undichte Fenster, schlecht schließende Türen und durch die biologischen Baumaterialien. Heute schließen uns unsere Fenster hermetisch von der lauten Außenwelt ab, die Türen

werden mit Gummidichtungen luftdicht gemacht, und unsere modernen Außenmauern mit ihren Kunststoffanteilen verhindern ebenfalls jeglichen Luftaustausch. Ich hatte das zweifelhafte Vergnügen, für ein Jahr in so einer supermodernen Atelierwohnung zu leben – mit zusätzlichen Kunststoffteppichen und synthetischen Wandfarben. Es mußten dauernd zwei oder drei Fenster leicht geöffnet bleiben, da sonst das Kondenswasser in unkontrollierbaren Mengen an den Fenstern herunterlief. An allen luftunzugänglichen Winkeln mußten wir den Schimmel monatlich mit Bürsten und Tüchern wenigstens oberflächlich entfernen.
Trotz Dauerlüftung und Superheizung gab und gibt es leider nur eine einzige Lösung für ein solches Problem: ausziehen! Pilze in der Wohnung produzieren laufend Sporen, die durch die aufsteigende Warmluft überall im Raum verteilt werden. Fußbodenheizungen sind hier besonders effektiv! Diese Sporen setzen sich auf Lebensmitteln fest, aber ihre Hauptgefahr besteht darin, daß sie mit der Atemluft in die Lungen gelangen und dort hartnäckige Mykosen und lebensbedrohliche Allergien auslösen können. Hier spielen natürlich auch andere Faktoren eine zusätzliche Rolle.
Wer schon durch Rauchen usw. eine vorgeschädigte Lunge hat, wird wesentlich häufiger und schwerwiegender betroffen: Wer bereits an einer Allergie leidet, wird erfahrungsgemäß mit der Zeit auch auf Pilzsporen allergisch reagieren.
Hier ist dann eine wirkungsvolle Therapie lediglich mit antimykotischen und antiallergischen Mitteln auf Dauer nicht durchführbar. Hier muß grundlegend renoviert und saniert werden unter der Anleitung eines erfahrenen Baubiologen (Adresse durch die Arbeitsgemeinschaft für Mykosen). Die Lüftungsverhältnisse

müssen stimmen, die Materialien dürfen weder Dispersions- oder Öl- noch Leim- oder Kaseinfarben enthalten; auch beim Tapetenkleister muß ein natürliches, pilzfeindliches Material verwendet werden, das den Pilzen keine Nahrung gibt.
Ich postuliere hier nicht »zurück ins Holzhaus mit Kachelofen und Wollteppichen«, aber ich möchte deutlich aufzeigen, daß jegliches Planen gegen die Naturgesetze auf Dauer zum Scheitern verurteilt ist und Gefahren beinhaltet, die oft erst (zu) spät erkannt werden.

Zusammenfassung:

Der Körper besitzt kein spezifisches Abwehrsystem gegen Pilzbefall. Schutz bietet daher nur ein intakter Organismus. Der übermäßige oder falsche Einsatz von Antibiotika kann zu einer Schädigung der nützlichen Bakterienflora führen, womit ein Nährboden für pathogene Pilze geschaffen wird. Auch Pilze, die in unserer direkten Umgebung leben, können uns gefährlich werden, z. B. Schimmelpilze in der Nahrung und in Wohnräumen. Daher sollte man auf eine »pilzfeindliche« Gestaltung seines Lebensraums achten: z. B. ausreichende Luftzirkulation in der Wohnung. Eine Übertragung von Mykosen zwischen Mensch, Tier und Pflanze ist ebenso möglich.

Erscheinungsformen von Hautmykosen

Die Schulmedizin unterscheidet bei den Hautmykosen den Befall der behaarten von dem der unbehaarten Haut. Für uns Naturheiltherapeuten ist diese Klassifizierung uninteressant, zumal die Erreger sich leider weigern, sich dieser wissenschaftlichen Einteilung unterzuordnen. Wir finden immer wieder die gleichen Pilze auf den verschiedenen Hautregionen, wobei sich die Erreger selber verändern und auch das Erscheinungsbild der Krankheit sehr stark variieren kann. Der weitverbreitete Pilzbefall von Haut und Schleimhaut wird zwar heute von der Schulmedizin anerkannt, aber meine tägliche Praxis zeigt, daß dieses Wissen leider immer noch nicht weit genug verbreitet ist.

Es werden – auch von Hautärzten! – offensichtliche Mykosen als Neurodermitis oder allergisches Ekzem diagnostiziert und mit Cortisonsalben oder ähnlichem therapiert. Bis jetzt hatte ich noch keine einzige (!) Patientin, bei der ein Hautarzt eine gezielte mykologische Labordiagnostik veranlaßt hatte.

Viel zu häufig werden Hautmykosen nicht erkannt und daher falsch behandelt

In solchen Fällen wird ja nicht nur wertvolle Therapiezeit verloren, sondern die Cortisonbehandlung aktiviert zusätzlich die Mykose und schädigt die Patienten auf mehrfache Weise. Ein Hautarzt wollte einer Patien-

tin sogar klarmachen: »Cortison als Salbe geht nicht in den Körper und hat damit keinerlei schädliche Nebenwirkungen.« Zum Glück hat diese aufgeklärte Patientin derartige Behauptungen nicht akzeptiert.
Aber viele Laien glauben einem Behandler blindlings alles, was aus seinem Munde kommt. Wie viele Therapieschäden könnten vermieden werden, wenn alle Patienten wieder die persönliche Verantwortung für ihren Körper und ihre Gesundheit übernähmen - und alle Therapeuten bemüht wären, durch Fortbildung und kollegialen Austausch ihren Wissensstand den fortgeschrittenen wissenschaftlichen Erkenntnissen anzupassen.
Nun zurück zum Hautpilz, der also auf dem behaarten Kopf, an und in den Nägeln, zwischen den Zehen, an feuchtwarmen Hautstellen - und auch *überall* sonst auf der Haut auftreten kann! Er produziert *jedes* Erscheinungsbild: schuppig wie Psoriasis, nässend wie die Neurodermitis, juckend wie ein Ekzem. Die Mykose kann kleine, abgegrenzte Bezirke befallen oder sich völlig hemmungslos über den gesamten Körper ausbreiten. Die Pilze dringen vielleicht nur in die obersten Schichten ein, oder sie verursachen tiefe Hautulzera, die später nur langsam unter Narbenbildung abheilen. Immer wieder kommen zu den Mykosen Superinfektionen mit anderen Erregern hinzu, da sich auf einem geschädigten Hautmilieu natürlich auch andere Schmarotzer wohl fühlen. Von einem Mykid spricht man, wenn eine Allergie auf Pilze (aus Organmykosen) auf der Haut zu Flecken, Knötchen, Bläschen, Pusteln oder kleieartiger Schuppung führt, ohne daß auf der Haut selber Pilze nachgewiesen werden können. Bei der sogenannten Pityriasis vesiculoris entstehen Flecken auf Rumpf und Gliedmaßen, die bei der Ausbildung leicht

jucken und schuppen können und die erstens ein kosmetisches Problem und zweitens einen sicheren Hinweis für eine bestehende innere Mykose darstellen.
Eine Grundvoraussetzung für einen Pilzbefall muß allerdings immer erfüllt sein: Die betroffenen Hautzellen waren in irgendeiner Form von außen oder innen vorgeschädigt. Ein äußerer negativer Einfluß ist unsere veränderte Bekleidung, die die Haut in Kunststoffe oder Gummi verpackt, wodurch die Luftzirkulation und die Schweißabgabe behindert werden.
Dazu kommt die übertriebene Haut»pflege« mit häufigem Baden und Duschen und der Benutzung von Badezusätzen und Körperlotions. Auch unsere künstlichen Schwimmbäder und Saunen sind ideale Brut- und Ausbreitungsstätten für Pilze. Es ist absolut unmöglich, durch eine Desinfektion mit Chlor oder Ozon die Pilzsporen abzutöten. In natürlichen Seen und den Meeren mit ihrem Bestand an Pflanzen und Tieren und der richtigen Konzentration von Säuren und Basen können sich pathogene Pilzkeime nicht ausbreiten, dort ist eine Ansteckung für den Menschen unwahrscheinlich. Ein gesunder Mensch infiziert sich natürlich auch nicht in einem Schwimmbad oder einer Sauna, er bietet den Pilzen keine Chance, da diese sich ja nur auf einer kranken Haut ansiedeln können.
Außer durch die Kleidung und der übertriebenen oder falschen Hautbehandlung kann die Haut auch durch seelische Faktoren verändert werden. Hormonverschiebungen durch Streß mit einer dadurch verursachten Schilddrüsenüberfunktion, Nebennierenfehlfunktion, Epiphysenblockade usw. wirken sich immer auf den pH-Wert der Haut und auf ihre energetische Versorgung aus.
Diese Aussage gilt sowohl für äußere als auch fur inne-

re Mykosen.Warum fehlen solche wichtigen Hinweise bei den verschiedenen schulmedizinischen Therapievorschlägen? Warum wird dort immer nur versucht, mit antimykotischen Salben oder oralen Mitteln eine Mykose zu bekämpfen? Was sagt die Statistik über die entsprechenden Langzeiterfolge aus? Oder gibt es solche Untersuchungen noch nicht, da die Hautmykosen immer noch als harmlose, höchstens lästige Krankheiten eingestuft werden?

Jeder Hautpilz kann und wird nach innen wandern, wenn ihm keine Schranken durch eine physiologische Therapie entgegengesetzt werden. Jeder Pilz hat die Tendenz der Ausbreitung und Zersetzung, das ist seine eigentliche Aufgabe auf dieser Welt. Wollen wir ihn wieder in seine Schranken, in sein ursprüngliches Milieu zurückdrängen, dann müssen auch wir Menschen wieder zu unserem ureigenen energetischen Zustand zurückfinden.

Jeder Hautpilz kann nach innen wandern, wenn er nicht entsprechend behandelt wird

Ich sagte, daß Streß durch die Adrenalinausschüttung das gesamte Hormonsystem des Menschen pathologisch verändert. In diesem Zusammenhang wirkt natürlich auch jede künstliche Medikation mit Hormonen mykosebegünstigend. Denken Sie bei jeder Einnahme von Ovulationshemmern, Östrogensubstitutionen, Schilddrüsenhormonen, Corticoiden und anderen Immunsuppressiva an diese möglichen Folgen!

Diabetiker stellen eine weitere Risikogruppe für Haut- und Innenmykosen, da ihre pathologisch veränderte Stoffwechsellage den Pilzen einen idealen Nährboden bietet. Aber auch übergewichtige Menschen mit einem meist schwammig gestauten Unterhautgewebe sind anfällig für Pilze. Hier habe ich schon Mykosen von erschreckenden Ausmaßen unter der Brust oder in der Leistengegend gesehen und therapiert.

Der Verlag und ich haben lange überlegt, ob wir Abbildungen von Mykosen der Haut und der Schleimhaut in dieses Buch aufnehmen sollen. Wir haben uns aus folgenden Gründen dagegen entschieden:

1. Viele naturgetreue Bilder sind für Nichttherapeuten schockierend und abstoßend, ohne für das eigentliche Verständnis der Mykoseproblematik von Nutzen zu sein.
2. Die Gesichter der verschiedenen Erkrankungsformen sind so unterschiedlich, daß ihre vollständige Darstellung den Rahmen dieses Buches gesprengt hätte. Eine Auswahl hätte immer eine Beschränkung bedeutet, die vielleicht gerade *Ihre* Mykoseform unberücksichtigt gelassen und deshalb gerade *Ihnen* eine möglicherweise falsche Aussage vermittelt hätte.

Ich gehe in meiner Praxis inzwischen einen Weg, der sich genau entgegengesetzt zur üblichen Methode verhält: Bei *jeder* Erkrankung suche ich zuerst nach einer möglichen inneren oder äußeren Pilzinfektion. Erst wenn diese sofort oder nach zusätzlichen Untersuchungsmethoden sicher ausgeschlossen ist, denke ich an die vielen »normalen« Krankheiten, die natürlich auch nicht vernachlässigt werden dürfen. Wenn Sie dieses Buch bis zum Ende gelesen haben, werden Sie sicher verstehen, warum es für mich unerläßlich geworden ist, zuerst ganz prinzipiell einen möglichen Pilzbefall der Organe und des Blutes auszuschließen. Viele der von der Schulmedizin und der Naturheilkunde isoliert beschriebenen Erkrankungen stellen sich bei genauem Hinsehen als Folgeerkrankung von Mykosen heraus. Ihre erfolgreiche Therapie wird oft erst möglich, wenn wir diese ursächliche Störung erkannt und beseitigt haben. Das Sichtbarmachen dieser Zusammenhänge ist ein Grundbedürfnis dieses Buches. Das gleiche Ziel verfolgt unsere Studiengemeinschaft, die in Deutschland und Irland Kurse in Gesundheitsberatung für Laien durchführt. Sie veranstaltet zusätzlich Aus- und Fortbildungskurse für Therapeuten, in denen die verschiedensten Themen der Naturheilkunde in Theorie und Praxis erarbeitet werden.

Zusammenfassung:

Die Erscheinungsformen der Hautmykosen sind so vielfältig, daß sie oft nicht als solche erkannt werden. Aufgrund falscher Diagnosen und entsprechender Behandlung breitet sich dann die Mykose aus und kann sogar nach innen wandern. Daher sollte vor allem bei unklaren Krankheitsbildern der Patient auf eine mögliche innere oder äußere Pilzinfektion hin untersucht werden.

Welche Erscheinungen finden wir bei Schleimhautmykosen?

Orale Mykosen

Die Schleimhaut des Mund-, Nasen- und Rachenraumes bietet allen Pilzen einen optimalen Nährboden. Diese zeigen sich als Soorbelag, in Form einer sogenannten Landkartenzunge, als therapieresistente Nebenhöhlenentzündungen oder chronische Rachenbeschwerden.

Begünstigend wirken falsche Ernährungsweisen, Medikamenteneinnahme (besonders nachhaltig schädigen Antibiotika die gesamte Mundschleimhaut!), allgemeine Abwehrschwäche und die ständige Giftbelastung durch Quecksilber aus Amalgamfüllungen. Auch unter Prothesen fühlen sich Pilze wohl, ebenso wie in toten oder wurzelbehandelten Zähnen.

Jeder Zahn und die ihn umschließenden Kieferknochen haben energetische Beziehungen zu bestimmten Organen, wodurch ein entsprechender Mykosebefall oft weitreichende Schäden mit verursachen kann und deshalb bei der Diagnose und Therapie mit einbezogen werden sollte.

Mykosen des Mundes breiten sich aus auf Nebenhöhlen, Ohren, Lunge und Magen und natürlich auf das Blut und die Lymphe, so daß sie in ihrer Schadwirkung nie unterschätzt werden dürfen.

Jede antimykotische Behandlung muß eine Zahnsanierung einschließen, Zahnbürsten sollten häufig ge wechselt, und Mundwässer und Zahnpasten als mögliche Zerstörer der natürlichen Mundflora müssen gemieden werden.

Scheidenmykosen

Es ist – ohne differenzierte Laboruntersuchungen oder die EAP-Testung – unmöglich, einen Scheidenpilz sicher von anderen Erkrankungen der Vaginalschleimhaut zu unterscheiden. Dafür ist eine Tatsache aber leider als gesichert anzusehen: Auf jeder geschädigten Schleimhaut, und dies trifft in besonderem Maße auf die weibliche Genitalregion zu, fühlen sich die verschiedenen Pilzarten ausgesprochen wohl! Das hat sicher einen Grund in dem für sie idealen feuchtwarmen Milieu; die schwerwiegenderen Ursachen müssen wir leider in unserer Umwelt, synthetischer Kleidung, verändertem Sexualverhalten, den Kontrazeptiva und den modernen Behandlungsmethoden mit Antibiotika und Corticoiden suchen.
Die Patientinnen klagen über Jucken, Brennen und Schmerzen in der Scheide. Der meist spärliche Ausfluß hat einen unangenehmen typischen Geruch, das Allgemeinbefinden ist nicht gestört, und das Blutbild zeigt keine Veränderung.
Zuerst zum Thema Umwelt: Sie verursacht durch die allgemeine erhöhte Toxinbelastung in den Häusern, der Luft und der Nahrung eine Vitalitätsminderung, eine Abwehrschwäche, von der auch die Mykosen profitieren. Eine geschwächte Haut kann sich nicht wehren, also finden die Pilze heute bei so vielen Frauen einen idealen Nährboden, von dem aus sie sich nach al-

len Seiten – leider auch in Richtung der inneren Organe – ausbreiten können. Von dieser Möglichkeit machen sie ganz egoistisch Gebrauch, denn ihr Lebensprinzip heißt: Entwicklung, Vermehrung und Überleben, auch wenn dabei der jeweilige Wirt bis an seine Grenzen ausgebeutet wird! Wieso haben Pilze eigentlich so eine erschreckende Ähnlichkeit mit den Menschen auf unserem Planeten? Was können und müssen wir von den »primitiven« Pilzen lernen?

Der zweite angesprochene Faktor ist unsere moderne Kleidung. Wenn wir von außen nach innen gehen, müssen wir bei den obligaten Jeans anfangen. Sie sind für Cowboys sicher ideal, für sie wurden sie ja auch ursprünglich geschaffen. Aber sie sind nicht immer körperfreundlich:

1. Bei sehr engem Schnitt können die Nähte eine Reizung im Genitalbereich verursachen.
2. Die synthetischen Färbemittel übertragen sich auf die Haut, sie erzeugen Allergien und »präparieren« damit die Haut für eine Mykose.
3. Unsere modernen Waschmittel haben oft den gleichen Effekt, auch sie können allergieauslösend wirken.
4. Ist es in diesem Fall nicht sogar richtig, Jeans möglichst selten zu waschen? Fragen Sie die Pilze, sie werden Ihnen dies freudig bejahen!
5. Einen besonderen Gefallen tut man dieser Gattung, wenn man Jeans unter Freunden austauscht. Sporen überleben jede normale Wäsche – und wer kocht schon seine heiligen Jeans, bevor die Freundin hineinsteigen darf?!

Strumpfhosen verändern das Hautmilieu, da sie keine

Feuchtigkeit aufnehmen, sie wirken manchmal als Allergen, besonders durch Farbe und Waschmittel, und sie stören das elektrische Feld, da sie ja einen recht großen Teil der Körperoberfläche energetisch abblocken. Wer trägt noch die guten alten weißen kochfesten Slips? Hoffentlich wenigstens alle diejenigen, die darüber ihre Strumpfhosen und/oder Jeans anziehen? Wen zieht Reizwäsche letztendlich an: den attraktiven Mann oder die lästigen Pilze?!

Und wie sieht die innere Kleidung aus, die Tampons? Der Körper kann seine abgestorbenen, toxinbeladenen Zellen nicht in der natürlichen Form nach außen abstoßen, sie werden über die Genitalschleimhaut zum Teil wieder zurückresorbiert. Lachende Dritte sind die Pilze, denn eine geschwächte Schleimhaut war und ist nun mal ihr Lieblingsort!

Was hat die Antibabypille mit Scheidenpilzen zu tun? Leider sehr viel! Ein gesundes Scheidenmilieu mit einem physiologischen pH-Wert bietet Pilzkeimen keine Lebenschance. Wird dem Körper jedoch eine dauernde Schwangerschaft simuliert, wie das durch die Einnahme von künstlichen Hormonen geschieht, verändert sich nicht nur die gesamte Hormonsituation, sondern auch das Scheidenmilieu. Pilze fühlen sich jetzt wohl, und auch der Partner darf sich nicht nur an der sicheren Empfängnisverhütung freuen, sondern als Gleichberechtigter partizipiert er oft auch an den Pilzen. Beim Mann bevorzugen sie die Vorhaut und die Analregion, aber seine Beschwerden sind, verglichen mit denen der Frau, oft geringer. Daher wird eine Behandlung des Partners häufig versäumt.

Die Antibabypille kann Pilzinfektionen begünstigen

Inzwischen wissen Sie schon, daß Antibiotika die lebenswichtigen Keime im Genitalgebiet schädigen oder zerstören und somit den Pilzen die Türen öffnen. Die Medizin hat sich aber noch einen zusätzlichen pilzfreundlichen Trick ausgedacht: nämlich Salben und Scheidenzäpfchen mit Östrogenen, Antibiotika und/ oder Corticoiden - je nachdem, welches Symptom damit zum Verschwinden gebracht werden soll. Die Prozedur ist ganz einfach: Die Frau fühlt ein Jucken, ein Brennen oder einen Ausfluß in der Scheide und geht mit diesen Beschwerden zur Frauenärztin. Macht sie einen Abstrich fürs Mikroskop oder für das Labor? Legt sie eine Kultur an, um die Ursache abzuklären und um das wirksamste Medikament auszutesten? Bitte machen Sie einmal die Probe aufs Exempel! Oder auch besser nicht! Womöglich werden Sie ebenso enttäuscht wie ich in meiner Praxis oder wie viele betroffene Patientinnen!

Hier entsteht dann leider oft ein Teufelskreis: Eine leichte Mykose - durch eine Antibiotika-Therapie während einer Grippe verursacht - wird mit entsprechenden Mitteln kurzfristig symptomfrei gemacht. Diese Antimykotika bestehen leider häufig selber aus Pilzen, geben dem Körper also eine noch größere Affinität für diese Erreger. Während die Symptome verschwunden sind, die gesunde Scheidenflora jedoch nicht so schnell aufgebaut werden kann, siedeln sich andere Keime an, die neue Beschwerden verursachen. Jetzt wird als Gegenmittel ein Breitbandantibiotikum verordnet oder eine Cortisonsalbe. Wie schnell können sich jetzt die ursprünglichen Pilze wieder ausdehnen? Das kommt auf die Begleitumstände an, es geht aber oft sehr schnell!

Wir dürfen bei diesem Thema auch nicht vergessen, daß durch häufigen Partnerwechsel einer Weiterverbreitung von pathogenen Keimen (nicht nur Pilzen!)

Tür und Bett geöffnet wird – im wahrsten Sinne des Wortes. Männer werden wesentlich seltener aktiv infiziert, da sie erstens den Keimen anatomisch weniger Angriffsflächen bieten, zweitens sich nicht künstlich ihren Hormonspiegel manipulieren lassen und drittens wohl auch seelisch anders mit diesen Problemen umgehen. Dazu aber mehr im Kapitel »Mykosen und Psyche«.

Frauen dürfen außerdem nicht vergessen, daß auch ein gesunder Partner Keimträger sein kann und daß sie sich durch ihn bei jedem Intimkontakt reinfizieren: entweder mit ihren eigenen Keimen oder mit denen seiner Freundin(nen).

Dies ist ein Problem, das in meiner Praxis sehr häufig angesprochen wird,

1. weil es viele Frauen und damit viele Partnerschaften betrifft,
2. weil bei diesem Thema die seelische *und* die körperliche Seite berücksichtigt werden muß und
3. weil in vielen Praxen weder die Zeit noch der Mut zur Beantwortung dieser wichtigen Fragen vorhanden ist.

Was kann, was darf ich Hilfesuchenden antworten? Auf welcher Seite befinde ich mich selber? Fühle ich mich als betroffene Frau? Ja! Fühle ich mich als pflichtbewußte Heilpraktikerin? Ja! Fühle ich mich als praktizierende Psychotherapeutin? Ja! Ich versuche in jedem individuellen Fall, diese drei menschlichen Aspekte mit in die Therapievorschläge einfließen zu lassen.

Solange durch Kontrazeptiva eine Scheinschwangerschaft besteht, wird jede – ob allopathische oder naturheilkundliche – Mykosetherapie auf Dauer scheitern. Diesen Satz stelle ich über jede weitere Diskussion. Es gibt verschiedene andere Empfängnisverhütungsmethoden, auf die ich an dieser Stelle nicht eingehen möchte. Nur zur Kupferspirale muß ich folgendes bemerken: Immer mehr Frauen reagieren auf das Kupfer allergisch, zusammen mit Quecksilber aus Amalgamfüllungen der Zähne wird es für das Immunsystem des Körpers noch problematischer. Außerdem wird durch die Spirale das bereits befruchtete Ei an der Einnistung in der Gebärmutter gehindert; ist dies nun Zerstörung von Leben oder nicht?

Manche Frauen haben mit dieser Frage große seelische Probleme, die sie zwar nicht mit dem Partner besprechen können (denn sonst hätten sie sie ja nicht mehr!), die aber ihre Partnerschaft und ihre persönliche Gesundheit unterbewußt negativ beeinflussen. Welchen Stellenwert hat eine Beziehung, in der die Frau alleine die Verantwortung für eine Schwangerschaftsverhütung trägt? In der sie womöglich nicht sicher ist, von wem sie welche Erreger bekommt? Ist so ein einseitiger Kompromiß immer noch besser als das Alleinsein? Oder nimmt man dem Partner durch diese Einstellung die Möglichkeit, innerlich zu reifen und sich seiner Eigenverantwortung zu stellen?

Stimmt hier das Sprichwort: Lieber den Spatz in der Hand als die Taube auf dem Dach? Wie soll man dann zur Taube gelangen, wenn man dauernd auf den kleinen Spatz achtgeben muß?

Bitte vergessen Sie bei der Lektüre nicht: Mein Thema heißt Mykosen, das ist meine rote Leitschnur. Aber ich möchte die eigentlichen Ursachen unserer heutigen Pilzverseuchung aufzeigen und nicht nur die Symptome mit einigen guten Therapievorschlägen zudecken. Ich möchte erreichen, daß jede und jeder wieder die Verantwortung für sich selber übernimmt im seelischen, geistigen und körperlichen Bereich. Nicht Gott, nicht die Lehrer, nicht die Ärzte sind schuld daran, wenn wir uns krank fühlen, wenn wir das Klassenziel nicht erreichen, wenn unsere Seele und unser Körper nur noch mit Drogen existieren können.

Zusammenfassung:

Mund-, Nasen- und Rachenraum bieten Pilzen einen idealen Nährboden. Sie werden sehr häufig durch die Einnahme von Medikamenten, insbesondere Antibiotika, begünstigt. Dies gilt auch für die Entstehung von Scheidenmykosen – hier spielen außerdem die Antibabypille sowie häufiger Partnerwechsel eine wichtige Rolle.

Welche inneren Mykosen kennen wir?

Dieses Kapitel liegt mir am meisten am Herzen, wenn es auch das schwierigste ist, da ich dabei fast ausschließlich auf die Erfahrungen und Beobachtungen während meiner Praxistätigkeit angewiesen bin. Es gibt erst sehr wenige Veröffentlichungen über Mykosen der inneren Organe. Warum? Werden sie so selten als die wahren Ursachen vieler Krankheiten erkannt? Hat die akademische Wissenschaft noch nicht den Mut, sich mit diesem neuen Feind im Labor, in der Forschung, in der Klinik, in der Praxis, in der Pharmazie usw. ehrlich auseinanderzusetzen? Mir stehen für solche Arbeiten keine Mittel zur Verfügung, und es fehlt mir leider auch die entsprechende Zeit. Das, was ich hier beschreibe, ist nur ein kleiner Ausschnitt aus dem großen Problemkreis »Mykosen«. Ich gebe nur das weiter, was sich mir bisher in der Praxis gezeigt hat; und die Schlüsse, die ich daraus gezogen habe hinsichtlich Ursache, Therapie, Folgekrankheiten und Zukunftsaussichten, erheben keinerlei Anspruch auf Wissenschaftlichkeit. Ich habe den Mut, sie in der vorliegenden Form an Sie weiterzugeben und hege die starke Hoffnung, daß sich daraus neue Ideen entwickeln, alternative Methoden für die Diagnose und die Therapie gefunden und entsprechende Aufklärungsarbeit für Therapeuten und betroffene Patientinnen bzw. Patienten initiiert werden.

Die Ansteckungsmodalitäten der inneren Organe sind vielfältig: Sie erfolgen oral über die Nahrung oder infizierte Hände und Gegenstände, nasal über eingeatmete Sporen, oder sie wählen als Eintrittspforte die Schleimhäute des Mundes und des Urogenitaltraktes. Wir kenne aber auch die interne Ausbreitung über die Blutbahn und die Lymphe und nicht zuletzt die Ansteckung über Katheter, Instrumente während Operationen oder ähnlicher Eingriffe.

Zusätzlich zu dieser mechanischen, schulmedizinisch beweisbaren Ausbreitung gibt es noch eine weitere Möglichkeit, die im Kapitel über die Lehre von Prof. Enderlein beschrieben wird. Ich ziehe bei meinen Überlegungen alle diese Teilaspekte in Betracht, gebe aber persönlich der Lehre der Cyclogenie nach Prof. Enderlein den höchsten Stellenwert, da ich mit den daraus abgeleiteten Therapien die besten und auch dauerhaftesten Erfolge erziele.

Ich selber habe persönlich sehr schnell aufgehört, die vielen verschiedenen Pilze gattungsmäßig und namentlich auswendig zu lernen. Es ist ein unüberschaubares Heer geworden, und selbst in Fachbüchern stimmen die Autoren nicht immer mit ihrer Nomenklatur überein. Dazu kommt, daß sich Pilze je nach Kulturboden – im Labor oder beim Menschen – beträchtlich verändern können und dann womöglich von verschiedenen Forschern unterschiedliche Namen bekommen. Selbst in Speziallabors ist eine exakte Zuordnung nicht immer sicher möglich, so daß ich bei meinen Patienten nur die Pauschaldiagnose »Mykosen« stelle.

Eine Differenzierung findet erst durch die gezielte, ausgetestete Diagnose statt, wobei Betroffene leider sehr häufig unter verschiedenen Pilzen gleichzeitig leiden, die dann auch eine entsprechende breitgefächerte Therapie benötigen.

Mykosen des Verdauungstraktes bei Kleinkindern

Nun möchte ich auf einige innere Mykosen detailliert eingehen. Ich fange mit den Babys und Kleinkindern an, die sich noch nicht wehren können und deren Beschwerden weder in Säuglingspflegebüchern noch beim Kinderarzt oder bei der Mütterberatung genügend beachtet und entsprechend behandelt werden.

Viele (zu viele) Babys leiden heute unter einer Mykose des Darmes und des gesamten Verdauungstraktes. Ihr Bäuchlein ist aufgetrieben, und sie schreien und schreien ... Hefepilze im warmen Darmmilieu vergären die Kohlenhydrate aus der Nahrung, wodurch (wie wir es vom Wein kennen) Gase und Alkohol entstehen. Die Gase sind verantwortlich für die Blähungen, die auf Nerven und Organe drücken und dadurch Schmerzen und Unwohlsein verursachen. Der Alkohol muß in der Leber entgiftet werden, die dadurch stark überfordert wird und deren Stoffwechselprodukte zu den bekannten Verhaltensstörungen und Depressionen führen. Schimmelpilze produzieren die sehr giftigen Aflatoxine, die auch wieder in der Leber abgebaut werden müssen und außerdem zu den stark wirkenden Allergenen gerechnet werden.

Ursache für andauernde Blähungen bei Kleinkindern sind häufig Pilze

Gegen diese Blähungen helfen natürlich keine altbewährten Mittel wie Fencheltee; und die bloße Nah-

rungsumstellung beim Allergiker bringt die Aflatoxine nicht automatisch zum Verschwinden. Hier hilft nur eines: eine umfassende Mykosetherapie bei gleichzeitiger Heilung aller weiteren schädlichen Einflüsse.
Ein Kinderarzt wollte kürzlich einer Mutter weismachen: »Babys schreien eben während der ersten drei Lebensmonate, das ist so, daran müssen Sie sich gewöhnen.« Zum Glück für das Kind glaubte seine Mutter diesen Unsinn nicht!
Ich bin selber Mutter von vier Kindern und war früher auf einer Säuglingsstation tätig. Für mich stand und steht fest: Wenn ein Baby weint, hat es einen Grund, seelisch oder körperlich, und ich muß so lange suchen, bis ich ihn gefunden und die Ursache behoben habe. Ist diese Forderung heute überholt? Ich glaube und hoffe nicht!

Ein Neugeborenes hat viele Möglichkeiten, sich mit Pilzen zu infizieren: Zuerst während des Geburtsvorganges an eventuellen Scheidenpilzen der Mutter. Angeblich leidet oder litt jede zweite Frau in Deutschland an dieser Krankheit, die selbst dann oft noch besteht und ansteckungsfähig ist, wenn die akuten Symptome längst nicht mehr spürbar sind. Aber auch jede andere pilzkranke Kontaktperson kann zu einer Ansteckungsquelle für das Baby werden. Pilzsporen lassen sich nicht einfach abwaschen, ebensowenig kann man aber ein Kind in einer sterilen Isolation aufziehen. Kommt ein Kind in einer Klinik zur Welt, findet es dort sowieso eine extrem breite Palette von Pilzen und anderen Erregern vor. Das ist eine Tatsache, die auch von Fachleuten nicht in Abrede gestellt wird und deren einzige Alternative die Hausentbindung ist. Hier müssen die eventuellen Risiken für Mutter und Kind verglichen werden mit

der möglichen Gefahr einer Ansteckung mit Hospitalkeimen. Die Entscheidung, die den Eltern bei der Frage Haus- oder Klinikentbindung abverlangt wird, ist für einen Laien einfach zu groß; eine Aufklärung über alle Risiken beider Möglichkeiten geschieht nicht – zumindest habe ich noch nie davon gehört!
Ein Baby ist deshalb besonders anfällig für Mykosen im Verdauungstrakt, weil dieser vor der Geburt noch steril ist, d. h., die Besiedelung mit Keimen geschieht erst nach der Geburt. Der Säugling erhält sie von der Mutter während des Geburtsvorganges und anschließend durch das Saugen an der (hoffentlich nicht völlig sterilen) Brustwarze. Bekommt der Darm aber anfänglich schon eine Portion krank machender Keime, so können sich diese ungehindert ausdehnen und lassen den dringend für die Verdauung erforderlichen »guten« Darmbewohnern keinen Raum mehr.
Dazu kommt die traurige Tatsache, daß viele Babys nicht mehr in den Genuß von Muttermilch kommen, sondern sich mit denaturierter Kunstmilch, ob nun als Pulver, aus der Plastiktüte oder der Dose, begnügen müssen. In der Muttermilch sind alle Nahrungsbausteine wie Fette, Kohlenhydrate und Eiweiße in einer leicht verdaulichen optimalen Zusammensetzung enthalten. Unsere Babys sind keine Kälbchen, die in wenigen Jahren ausgewachsen sein sollen, Babys benötigen deshalb für ihr Wachstum eine ganz andere Grundernährung. In der Muttermilch werden alle wichtigen Spurenelemente in der richtigen Dosierung an das Kind weitergegeben. Diese Arbeit kann ein Chemiker bei der Zusammensetzung von künstlicher Nahrung auf keinen Fall nachvollziehen. Seltene lebenswichtige Elemente wie z. B. Selen fehlen oft völlig, außer die

Muttermilch mit ihren Abwehrstoffen ist für Säuglinge die optimale Ernährung

Kuh hat sie auf einer optimal biologisch gedüngten Weide noch aufnehmen können. Außerdem führt die Kuheiweißstruktur, die wenig Ähnlichkeit mit dem Aufbau der Muttermilch hat, häufig zu einer Unverdaulichkeit und letztendlich dann leicht zu einer allgemeinen Milchallergie, deren Entzündungssymptome wiederum den Pilzen den Boden bereiten. Ein oft vergessener negativer Faktor bei diesem Problem ist die heute übliche Pasteurisierung der Kuhmilch, wodurch ihre Struktur noch stärker verändert wird und lebenswichtige Stoffe abgetötet werden. Pulvermilch stellt dann den absoluten Gipfel der Naturwidrigkeit dar, wobei diese Nahrung zusätzlich noch durch gechlortes oder abgefülltes Wasser belastet ist.

Was geschieht mit den dringend benötigten Vitaminen der Milch? Sie werden zuerst durch Erhitzung abgetötet und dann künstlich wieder zugesetzt. Wer sagt uns, daß diese synthetischen Vitamine von den Körperzellen ebenso aufgenommen werden wie die Originalvitamine der Muttermilch? Wer bestimmt ihre genaue Menge?

Wie werden die Abwehrkörper ersetzt, die ein Kind durch das Stillen von seiner Mutter erhält und die es vor Infektionen während der ersten kritischen Lebenszeit schützen, bis die eigene Abwehr diese Aufgabe übernehmen kann? Sie existieren in einer Kunstmilch nicht. Damit ernährte Kinder bekommen oft schon in den ersten Lebenswochen Antibiotika gegen lebensgefährliche Infekte – und der Boden für eine Mykose wird dadurch noch besser vorbereitet. Aber auch der Mutter während der Schwangerschaft und der Stillzeit bitte keine Antibiotika geben!

Jede Krankheit des Kindes – ob Infekt oder Mykose – behindert seine Entwicklung, blockiert seine Lebens-

energien. Bei diesem Thema bitte ich, auch an die vielen Impfungen zu denken, die ein Kind heute zu ertragen hat und die tief in seine Zellfunktionen eingreifen. Wer schützt hier wen wovor?
Der Mensch ist ein göttliches Geschöpf, das sich nur gemäß den Gesetzen der Natur optimal entwickeln kann. Bitte gebt unseren Kindern wieder eine Chance, das Optimum für sich und die Erde zu erreichen!

Mykosen des Verdauungstraktes bei Kindern und Erwachsenen

Mykosen des Verdauungstraktes bei Kindern und Erwachsenen verursachen ähnliche Beschwerden wie bei den Babys, nur liegen hier oft andere Grunderkrankungen vor. Außerdem kann diese Patientengruppe ihre Beschwerden detailliert schildern, wodurch Diagnose und Therapie wesentlich erleichtert werden.
Die Patienten klagen über Blähungen, Sodbrennen, Unverdaulichkeit von manchen Nahrungsmitteln, über diffuse, uncharakteristische Schmerzen im Bauchraum und in manchen Fällen über Schleim- und Hautabgänge im Stuhl. Auch hier frage ich - wie immer! - nach den auslösenden Faktoren, den vorangegangenen Krankheiten, den augenblicklichen negativen Begleitumständen. Ich weiß, daß ich mich mit diesen Hinweisen wiederhole, aber ich tue es bewußt, denn in der Praxis wird dies zu oft vergessen, wird wieder nur schnell nach einer leicht durchführbaren Symptombehandlung gesucht. Behandle ich eine Patientin ursächlich, braucht sie zu ihrer völligen Genesung zwar etwas länger und ist auch manchmal ungehalten über die zu-

sätzlichen Vorschriften bezüglich Ernährung, Lebensgewohnheiten, Medikamentenreduzierung usw. Aber die spürbare Besserung der Beschwerden gleich am Anfang meiner Behandlung reicht als Motivation aus, dann auch den Rest des Heilungsweges mit mir gemeinsam zu gehen.

Übrigens betrifft ein wichtiger Teil meiner Therapie die Psyche - auch und gerade bei den Mykosen -, aber dazu werde ich im entsprechenden Kapitel ausführlich Stellung nehmen.

Nun wieder zurück zum Körper, zum Verdauungstrakt: Chronischer Schadfaktor Nr. 1 für die Schleimhäute ist nach meinen Erfahrungen eine latente oder akute Allergie auf bestimmte Nahrungsmittel, spezielle Drogen und Medikamente und ganz besonders auf die vielen erlaubten und unerlaubten chemischen Zusätze. Bei der Schleimhaut der Verdauungsorgane hat die Allergie ganz verschiedene Gesichter: Mal äußert sie sich als akute oder chronische Gastritis, mal wechseln Verstopfung und Durchfall ab, und dann wieder versteckt sie sich hinter der Maske einer Colitis ulcerosa oder eines Morbus Crohn. Die weitverbreitete Phosphatempfindlichkeit wird häufig nicht erkannt, ebensowenig die Allergisierung durch Mykosetoxine. Wir haben dann die schizophrene Situation, daß eine Mykose durch eine Allergie ermöglicht wird, deren Auslöser gerade diese Mykose ist. Komplizierter geht's nicht, aber es ist die Realität!

Einer Mykose des Verdauungstraktes geht häufig eine chronische Infektion durch Erreger oder Allergene voraus

Schadfaktor Nr. 2 sind die chronischen Infekte mit speziellen Viren und Bakterien. Ich denke hier besonders an die große Familie der Coxsackieviren und die vielen verschiedenen Salmonellosen. Sie verschanzen sich oft jahrelang in einem geschwächten

Körper, suchen sich als Refugium gerne die Bauchspeicheldrüse oder die Gallenblase aus und kommen bei jeder erneuten körperlichen oder seelischen Belastung wieder akut zum Vorschein. Hier helfen auf Dauer nur eine konsequente Nosodentherapie und die Ausschaltung aller erkennbaren Noxen und Herde.
Wenn man, wie ich in der Praxis, immer wieder über versteckte Herde in Form von toten Zähnen, einer chronischen Sinusitis, einer latenten Appendizitis usw. »stolpert«, die eine diagnostisch richtige Therapie dann zum Scheitern bringen, so entwickelt man sich zwangsläufig zur Herddetektivin! Dieser zusätzliche Einsatz von Fortbildung, Testnosoden und Diagnosezeit lohnt sich für die Patienten – und auch für die eigene Befriedigung!
Schadfaktor Nr. 3 hat seine Ursache in den Zähnen. Von toten oder wurzelbehandelten Zähnen gehen auf energetischem Wege Störungen zu den verschiedenen Organen des Körpers – und damit auch zu den verschiedenen Abschnitten des Verdauungstraktes. Die Praxis bestätigt täglich ihre Richtigkeit, aber es kostet oft zeitraubende Aufklärungsarbeit, den jeweiligen Zahnarzt des oder der Betroffenen von diesen neuen Erkenntnissen zu überzeugen. Nach unseren Erfahrungen wissen wir, daß die negativen Impulse sowohl von den Zähnen zu dem jeweiligen Organ als auch umgekehrt vom Organ zum entsprechenden Odontom ausgesandt werden.
Was ist also zu tun? Hier sind eine Diagnose und eine entsprechende Therapie ohne die Mithilfe eines naturheilkundlich orientierten Zahnarztes nicht möglich. Er oder sie muß durch Röntgen- und andere Tests eventuelle »Störenfriede« entlarven und diese dann nach den neuesten Erkenntnissen der biologischen Zahnmedi-

zin behandeln. Nicht jeder tote oder wurzelbehandelte Zahn muß zwangsläufig zum Störfeld, zum Focus werden. Aber er kann! Ein junger, gesunder Körper wird keinerlei Probleme haben, solche Dauerbelastung durch totes Gewebe und virale oder bakterielle Herde auszugleichen, aber geschwächte Patienten sollten von allen Zahnherden befreit werden, um eine Heilung zu ermöglichen.

Kranke Zähne können den Organismus stark beeinträchtigen

Schadfaktor Nr. 4 hat seinen Sitz auch im Mund, doch handelt es sich jetzt um die leider weitverbreiteten Zahnfüllungen mit Amalgamlegierungen. Das Buch »Amalgam, die toxische Zeitbombe« (Oesch Verlag, Zürich) geht detailliert auf dieses Problem ein, ich möchte es hier nur in wenigen kurzen Sätzen ansprechen.

Amalgam ist eine Legierung, die hauptsächlich aus Silber und Quecksilber besteht. Letzteres ist für den Menschen sehr giftig, leider auch in so geringen Mengen, wie sie bei bestehenden Amalgamplomben kontinuierlich an den Körper abgegeben werden. Für unser spezielles Mykoseproblem müssen wir folgende Faktoren betrachten:

a) Quecksilber kann allgemein oder nur auf den Verdauungstrakt begrenzte Allergien auslösen. Die daraus resultierenden Folgen für eine Mykose haben wir bereits ausführlich besprochen.
b) Quecksilber wirkt als Zellgift und beeinträchtigt den Stoffwechsel.
c) Quecksilber, besonders wenn im Mund noch andere Legierungen vorhanden sind, verursacht durch Ionenfluß eine regelrechte Mundbatterie, d. h., hier wird durch den Speichel und die verschiedenen Metalle ein Stromfluß erzeugt, der je nach seiner Stärke

das Nervensystem, das Herz und andere Organe empfindlich stört. Es entsteht ein Teufelskreis: mehr Strom – stärkere Reizung der Magennerven – pH-Wert-Verschiebung des Speichels – erhöhter Ionenfluß – mehr Strom ...

Dieses traurige Kapitel leitet unmittelbar über zu Schadfaktor Nr. 5. Wir haben heute bei vielen Patienten einen Mykosebefall der Mundschleimhaut, und diese Mykosen haben es natürlich sehr einfach, sich auf den gesamten Verdauungstrakt auszudehnen.
Was sind die Ursachen für Mundmykosen?

a) Chronisch kranke oder tote Zähne
b) Giftiges Amalgam
c) Noxen wie Nikotin
d) Antibiotika-Behandlung
e) Denaturierte Kohlenhydrate, besonders Zucker (auch Honig, Fruchtzucker usw.!)
f) Unbiologische Zahnpasten und Mundwässer mit Fluor, Phosphat, synthetischen Geschmacksstoffen usw.

Schadfaktor Nr. 6 ist unsere denaturierte Nahrung, die zwar viele Kalorien, aber oft nur noch wenig Lebendiges enthält. Deshalb sollten wir immer nach Lebensmitteln suchen, nicht nach Nahrungsmitteln! Ich bin kein Diätapostel, ich hänge keiner speziellen Ernährungsideologie an, aber ich bemühe mich, für meine Freunde und mich inhaltlich ausgewogene, naturbelassene Lebensmittel zu finden.
Es gibt keine optimale Ernährungsweise, die für jeden Menschen paßt. Hier spielen Alter, Beruf, Vorlieben und Konstitution eine große Rolle, auch die Jahreszei-

ten, das Klima und die seelische Situation sollten berücksichtigt werden.
Meine Empfehlungen für die Patientinnen und Patienten sind einfach zu behalten und einfach zu befolgen: möglichst wenig denaturierte Nahrungsmittel verwenden, keine Fertigprodukte, keine Konservierungsstoffe, keine Phosphatzusätze und kein Schweinefleisch zulassen, alle Genußgifte – je nach Gesundheitszustand – meiden oder einschränken.

Verwenden Sie möglichst naturbelassene Nahrungsmittel

Die Patienten berichten mir nach einiger Zeit der Ernährungsumstellung meist spontan, wie gut es jetzt schmeckt, wie wohl sie sich körperlich fühlen und wie preiswert die Lebenshaltung geworden sei. Dies sind allgemeine Hinweise für relativ Gesunde. Für Kranke und Geschwächte gelten diese Regeln in verstärktem Maße.
Es gibt keine spezielle Antihefepilzdiät, aber es gibt eine wichtige Grundsatzregel: starke Reduzierung von Kohlenhydraten, besonders von Zucker in jeder Form. Dieser wird von den Hefepilzen vergoren, und es entstehen Alkohole und Gase. Die dadurch hervorgerufenen Blähungen behindern das Herz, die Lunge und die übrigen Bauchorgane, die Alkohole müssen von der Leber abgebaut werden und belasten dadurch unseren Stoffwechsel auf unnötige Weise.
Schadfaktor Nr. 7 für die Schleimhäute des Magens und des Darmes ist die ungesunde Lebensweise: Streßfaktoren verengen über das Nervensystem die Gefäße, die Magenwand wird nur ungenügend mit Schleim geschützt, der saure Magensaft greift die Wände an – und der Weg für Mykosen ist gebahnt. Im Darm führt eine chronische Mangeldurchblutung eher zu Dysbiosen, zu einer ungenügend ausgebildeten oder falsch zusam-

mengesetzten Darmflora, die dann entsprechend Raum für pathogene Pilze läßt.
Der Volksmund kennt die engen Zusammenhänge von Seele und Verdauung, von Nervensystem und entsprechendem Organ. So wie wir unsere täglichen Mahlzeiten verdauen müssen, so erfordert auch die seelisch-geistige Nahrung des Tages ein Assimilieren. Sie muß ein Teil von uns werden, damit wir geistig wachsen und seelisch reifer werden können. Ist Ihnen der Vergleich zu grob? Können Sie ihn so nicht aufnehmen, nicht verdauen? Bitte scheuen Sie sich nicht, schwierige Brocken erst einmal zu zerkleinern, damit Sie sich nicht »die Zähne daran ausbeißen« und damit es Ihnen nicht »wie ein Stein im Magen liegt«.
Da wir geistige Wesen sind, laufen alle Lebensprozesse primär auf der geistigen Ebene ab – auch wenn wir uns dessen nicht mehr bei jeder körperlichen Arbeit bewußt werden. Der Magen und die weiteren Verdauungsorgane nehmen hier eine besonders wichtige Stellung ein – auf beiden Ebenen – und sind deshalb auch besonders anfällig für Störungen.

Mykosen der Lunge und der Bronchien

Was kann die Ursache sein, wenn ein Patient seit Monaten über eine atypische chronische Bronchitis klagt? Er hat kein Fieber, der Auswurf ist weißlich und spärlich, der Allgemeinzustand ist beeinträchtigt, aber nicht so schlecht, wie er bei dem lästigen, langandauernden Husten eigentlich sein müßte. Angefangen hat dieser Zustand nach einer Grippe, die der Patient verschleppt und wegen der er auch Antibiotika genommen hatte. Wenn hier fachärztlich sicher abgeklärt ist, daß keine Tuberkulose, kein Krebs oder eine andere Lungenkrankheit vorliegt, lautet die Diagnose wahrscheinlich: Mykose der Lunge und/oder der Bronchien. Die Pilze der verschiedenen Gattungen können unbehandelt die gesamte Lunge durchziehen und ihre Funktion empfindlich einschränken. Das Tragische bei dieser Situation ist, daß durch eine falsche Diagnosestellung nicht nur wertvolle Therapiezeit verlorengeht, sondern die hier meist verordneten Breitbandantibiotika absolut kontraindiziert sind. Der Patient kann sich schützen, indem er sich selbst bestens informiert, bei leichten Erkrankungen die bewährten alten Hausrezepte anwendet, bei Arzneien aus der Apotheke die Beipackzettel liest und im Krankenhaus versucht, ein mündiger Patient, eine mündige Patientin zu bleiben.

Bei der Diagnose »Lungenmykose« stellt sich natürlich die Frage für Patient und Therapeut: Warum, woher, wodurch haben sich die Pilze ausgerechnet diese Lunge ausgesucht?

Erst wenn diese Fragen eine befriedigende Antwort gefunden haben, sollte mit einer effektiven Therapie begonnen werden. Tut man im Übereifer den zweiten Schritt vor dem ersten, übersieht man vielleicht wichtige ursächliche Einzelheiten, die später eine Therapie gänzlich oder teilweise blockieren können.

Welche Faktoren begünstigen einen Befall der Lungen mit Mykosen? Eine Vorschädigung durch Schadstoffe, Medikamente oder Krankheiten hat praktisch immer stattgefunden. Bei den Schadstoffen müssen wir zuerst an die Giftstoffe aus verbranntem Tabak denken. Hier geht es leider nicht nur um Nikotin und Teer, sondern um ca. 500 verschiedene Verbindungen, die kanzerogen sein können und die die Schleimhäute reizen. Nikotin sorgt für eine ständige Adrenalinausschüttung und beeinflußt damit stark das gesamte Hormon- und Nervensystem, das Kohlenmonoxyd blockiert die Sauerstoffaufnahme des Blutes und schwächt damit jede Zelle u.s.w.

Rauchen in jeder Form ist eine (selbstgewählte) Belastung, die uns leider noch anfälliger für die aufgezwungenen Umweltgifte macht. Eine mögliche Schädigung, der Lunge durch Medikamente kann immer dann auftreten, wenn durch Codein, Cortison o. ä. die Schleimabsonderung = Abhustung bei einer Entzündung gewaltsam unterdrückt wird. Bitte denken Sie bei meinen biologischen Sichtweisen daran, daß die Entzündung doch nicht die eigentliche Krankheit ist, sondern daß der Körper in so einer Situation nur versucht hat, über diese Reaktion die akut oder chronisch eingebrachten Fremdstoffe wieder auszuscheiden. Unterdrücken wir diesen Prozeß, werden die Schadstoffe entweder als ständige Blockade im Bindegewebe eingelagert, oder der Körper versucht, sie über andere Kanäle doch noch auszuscheiden.

Entzündliche Prozesse können eine nötige Reinigungsphase darstellen, die nicht radikal unterdrückt werden sollte

Läßt die moderne Medizin solche nötigen Reinigungsphasen in Form von Fieber, Erkältungskrankheiten, Lymphknotenschwellungen, Entzündungen, Durchfall, Schweißausbrüchen, Hauterscheinungen usw. nicht mehr zu, ersticken die Körperzellen langsam an ihrem eigenen Abfall. Oft versucht der Körper dann, Schadstoffe in Zysten, Myomen und anderen gutartigen Wucherungen zu isolieren oder über Fisteln und Furunkel auszuscheiden.

Warum lassen wir das zu? Warum haben wir angeblich keine Zeit mehr für einige Grippetage im Bett, während derer sich der Körper – und oft auch die Seele – von alten Schlacken, altem Frust reinigen kann? Unterdrücken wir so einen Reinigungsversuch unseres Körpers mit entzündungshemmenden, fiebersenkenden, antibiotischen Medikamenten, können wir uns deutlich ausmalen, welch idealen Nährboden wir hier für die Mykosen vorbereitet haben.

Wenn wir nach speziellen Lungenkrankheiten suchen, die einem Mykosebefall vorausgegangen sind, so finden wir besonders häufig die chronischen Bronchitiden und das Asthma bronchiale. Bei der Bronchitis verschlechtert besonders die im letzten Absatz beschriebene, heute vorwiegend praktizierte Medikation die Prognose. Beim Asthma kommt im Hinblick auf die Mykosen verstärkt die allergische Komponente negativ ins Spiel.

Allergien machen heute allen betroffenen Patienten und uns Therapeuten das Leben schwer. Durch das unkontrollierte Ansteigen der Umweltgifte reagieren immer mehr Menschen auf einzelne Stoffe oder ganze Stoffgruppen hypersensibel = allergisch. Der Körper wird unfähig, sich mit ihnen ruhig auseinanderzusetzen, er erklärt selbst so harmlosen Substanzen wie Blütenpollen oder Erdbeeren den Krieg und schickt seine ganze Abwehrmannschaft in den Kampf. In der Lunge verkrampfen sich die einzelnen Bronchiolen, die Schleimhaut produziert ein Übermaß an zähflüssigem, glasklarem Schleim, der aber durch die verengten Gefäße nicht ausgeschieden, d. h. ausgehustet werden kann. Er wird zum idealen Nährboden für Bakterien – und ganz besonders für Pilze. Begünstigend für diese letzteren ist die Tatsache, daß Allergiker sehr häufig Corticoide einnehmen und ihre ständigen Bronchitiden außerdem mit Antibiotika therapiert werden.

Für Laien gibt der Auswurf deutliche diagnostische

Hinweise: Ist er glasklar, zäh und schwer abzuhusten, steht das allergische Asthma im Vordergrund, bei Bakterienbefall verändert sich das Sputum durch die Entzündung. Seine Farbe wechselt zu Gelbgrün, das Volumen wächst an, es kann leichter ausgehustet werden. Bei der Mykose finden wir weißlichen, zähen Schleim, selten mit einigen Blutzellen; trotz Hustenreiz und eventuellen Schmerzen hinter dem Brustbein wird nur wenig abgehustet. Zum bräunlichen Raucherauswurf brauche ich wohl nichts zu sagen, ihn bekommen übrigens auch die Pilze nicht weiß!

Findet der Patient oder die Patientin vermehrt Blut im Sputum, empfiehlt sich eine sehr gründliche Untersuchung in der Klinik! Aber eigentlich sollte jede chronische Lungenveränderung fachärztlich abgeklärt werden, damit für schwerwiegende Erkrankungen keine wertvolle Therapiezeit verlorengeht. (Wie oft wird bei einer gründlichen Lungenuntersuchung nach Pilzen gefahndet? Machen Sie die Probe aufs Exempel.)

Neben dem Asthma spielt auch eine durchgemachte Tuberkulose eine vorbereitende Rolle und sollte anamnestisch abgeklärt werden.

Das Lungenkarzinom ist wohl selten Wegbereiter für eine Mykose, aber oft mit dieser vergesellschaftet. Wir wissen, daß auf dem Boden einer chronischen Mykose (nicht nur der Lunge!) die Körperzellen eher zu einem unkontrollierten Wachstum neigen, d. h. zur Krebszelle entarten. Dies ist u. a. eine meiner Motivationen, in jedem Krankheitsfall eine Mykose auszuschließen oder auszuheilen.

Woher kommen nun aber die Pilze, die sich da plötzlich in der Lunge ein neues Domizil gesucht haben? Entweder hatten sie schon einen Stützpunkt außen als Hautpilz und gelangten über Blut- und Lymphbahnen bis zur Lunge. Oder ein ursprünglicher Schleimhautpilz aus den Nebenhöhlen, dem Mundraum, dem Verdauungstrakt oder dem Genitalbereich konnte über die gleichen Ausbreitungswege die Schleimhaut der Lunge und der Bronchien befallen. Die häufigste Infektionsquelle für eine Lungenmykose ist aber sicher das Einatmen von Pilzsporen aus einer schimmelpilzverseuchten Umgebung, wie wir dies in feuchten Wohnungen, Bädern ohne Fenster und auch bei Klimaanlagen vorfinden. Hierbei sind besonders Kleinkinder und Asthmatiker gefährdet, aber natürlich auch Schwerkranke in »modernen« Krankenhausbauten mit zentraler Luftversorgung.

Sporen lassen sich nicht durch Luftfilter einfangen oder durch Desinfektionsmittel abtöten; sie besiedeln Inhalationsapparate ebenso wie Wasserfilter oder Luftbefeuchter.

Bei einer schwarzverschimmelten Wand (Aspergillus niger, niger = schwarz) hilft nur eine gründliche Sanierung mit Entfernung der Tapete und des Putzes; Möbel und Bilder sollten einen großen Wandabstand erhalten; Bäder müssen so trocken wie möglich gehalten werden; und empfindliche Babies können auch außerhalb des Bades gewaschen und gewickelt werden. Ein empfindlicher und geschwächter Patient muß ausziehen – und sich vielleicht sogar von seinen verschimmelten Büchern trennen!

Leider konnte ich Ihnen nur sehr unspezifische Symptome einer Lungenmykose schildern – und leider wird sich dieses Dilemma bei den anderen inneren Mykosen eher noch vergrößern. Diese »neuen« Krankheiten entziehen sich oft unserer Labordiagnostik, sie erscheinen nur unspezifisch auf dem Röntgenschirm, eine Ultrabeschallung erfaßt sie nicht, und beim Abhorchen der

Lunge ergeben sich uncharakteristische Geräusche. Eine sorgfältige Sputumuntersuchung in speziellen Labors bringt eine sichere Diagnose – aber zuerst muß in einer Arztpraxis oder in der Klinik überhaupt an die Möglichkeit einer Mykose gedacht werden! Also denken *Sie* bitte daran, ob als betroffener Patient oder als gewissenhafter Therapeut!
Ich werde in einem gesonderten Kapitel speziell auf verschiedene naturheilkundliche Diagnoseformen eingehen und ihre praktische Anwendbarkeit erklären. Den betroffenen Patienten bleibt leider nur übrig, sich dann einen solchermaßen arbeitenden Therapeuten zu suchen.

Mykosen des Urogenitaltraktes

Bei einem Pilzbefall der Niere ist die Diagnose besonders schwierig. Die Symptome ähneln einer chronischen, unspezifischen Nephritis mit (morgendlichen) Ödemen der Hände, der Füße und um die Augen, das Blutbild ist kaum verändert. Schmerzen im Nierenbereich sind selten, aber das Allgemeinbefinden ist beeinträchtigt, die Patienten fühlen sich müde und antriebslos. Wandern die Pilze weiter, kommt bald ein typisches Brennen des Harnleiters dazu, die Blase wird befallen, das Wasserlassen macht Beschwerden.
Labordiagnostisch können dann spezielle Urintests die Diagnose klären, aber diese gezielten Mykoseuntersuchungen gehören oft noch nicht zum ständigen Repertoire eines Behandlers. Steht als Vorkrankheit eine Scheidenmykose auf dem Karteiblatt, wird natürlich

eher an das Aufsteigen von Keimen, d. h. an eine Nierenmykose gedacht.

Wer immer wieder unter Nieren- und Blaseninfektion leidet, sollte vor der nächsten massiven Antibiotika-Behandlung darauf achten, daß durch eine gezielte Labordiagnostik eine Mykose ausgeschlossen wird. Da die pathogenen Pilze in drei große Gruppen eingeteilt werden und jede von ihnen unterschiedliche Nachweismethoden erfordert, ist diese Suchdiagnostik sehr aufwendig. Dazu kommt, daß manche Kulturen bis zu vier Wochen für eine sichere Aussage benötigen, so daß die Geduld von Arzt und Patient auf eine harte Probe gestellt wird.

Diabetiker sind besonders anfällig für eine Nierenmykose

Besonders anfällig für eine Nierenmykose sind Diabetiker, denn bei ihnen fördert die vorwiegend acidotische Stoffwechsellage das Anwachsen der Pilze. Alle, besonders jugendliche Diabetiker sollten auf Anzeichen einer Mykose achten und sie diagnostisch gezielt abklären lassen.

Dies trifft natürlich auch für Dialyse-Patienten zu, die einmal durch das geschwächte Organ und zum zweiten durch die Möglichkeit von Keimbefall während der Therapie gefährdet sind. Heute sind 30–40 % der Dialyse-Patienten durch übermäßigen Gebrauch von Schmerztabletten und anderen Medikamenten in diese lebensbedrohliche Situation geraten. Wie konnte das passieren?

Hat da womöglich jemand jahrelang gedankenlos Tabletten gegen Kopfschmerzen genommen, ohne daß die Ursache der Schmerzen aufgedeckt wurde? Viele Patienten meinen, Medikamente, die man ohne Rezept kaufen kann, seien nicht schädlich, hätten keine Nebenwirkungen. Das stimmt leider nicht! Selbst so »natürliche« Mittel wie Fingerhut, Schierlingskraut, Tollkirsche usw. können in entsprechender Dosierung zum tödlichen Gift werden; wieviel mehr trifft dies dann auf synthetische Stoffe zu wie Phenacetin, Paracetamol, ASS, synthetische Ascorbinsäure (Vitamin C) usw. Auch das Quecksilber aus dem Amalgam ist so ein Schadstoff, der sich besonders negativ auf die Nieren auswirkt und oft Wegbereiter chronischer Niereninfekte und -mykosen ist.

Ich muß wieder meine alte Forderung wiederholen: Bei jeder krankhaften Veränderung unbedingt die Ursache suchen und nicht gedankenlos das Symptom ausschalten! Es kommt sonst unerbittlich zurück, wenn auch vielleicht in veränderter Form und an einem anderen Organ.

Mykosen können natürlich auch die Eierstöcke, die Eileiter und die Gebärmutter befallen und dort durch chronische Entzündungen zu Schmerzen, Unfruchtbarkeit und Wucherungen führen, wobei als Ansteckungsquelle die Scheide, der Verdauungstrakt oder das Blut in Frage kommen. Für die Schulmedizin ist die histologische (aus dem Gewebe) Differentialdiagnose oft schwierig, und wir haben in unserer Praxis immer wieder Patientinnen, bei denen die bestehende Mykose als Krebs diagnostiziert wird und dadurch viel Leid, unnötige Angst und alle Arten von falscher und schädigender Therapie auf den Plan gerufen werden.

Und was geschieht mit einer ausgedehnten Genitalmykose nach einer aggressiven Therapie? In welchem Ausmaß ist sie an einem »Rückfall«, an Metastasen beteiligt?

Es gibt nur selten Fachärzte oder Kliniken, die zumindest die Möglichkeit einer fortgeschrittenen Mykose zulassen und entsprechende Untersuchungen durchführen. Für die meisten betroffenen Frauen besteht diese Chance nicht, und sie werden durch unsere alternativen Unterschungsmethoden sehr verunsichert und haben große Schwierigkeiten, sich ihre Eigenverantwortung bezüglich der Therapie zu erhalten.

Mykosen des Kopfes

Augenmykosen

Wer denkt bei einer chronischen Konjunktivitis (Bindehautentzündung), bei einem Glaukom (grüner Star) oder bei Netzhautveränderungen an Pilze? Alle sollten es! Ich habe es selber immer wieder in der Praxis erlebt, daß eine jahrelang bestehende Entzündung mit Rötung, Brennen, Jucken, Tränenfluß usw. innerhalb von einer Woche verschwand, wenn eine äußere und innere Therapie gezielt gegen Mykosebefall eingesetzt und gleichzeitig eine (meist) bestehende Allergie behandelt wurde. Die üblichen schulmedizinischen Augentropfen und Augensalben helfen schnell und sicher bei bakteriellen Infekten, eine Mykose wird dadurch aber nicht beeinflußt - höchstens im negativen Sinn.
Auch ein erhöhter Augeninnendruck (Glaukom) kann als Ursache eine Pilzinfektion haben - und verschwindet dann relativ rasch unter richtiger Medikation. Aus der Literatur weiß ich, daß sich selbst auf der Netzhaut Pilzkulturen ausbreiten können und dann entsprechende Behinderungen verursachen. Pilzsporen werden leicht mit den Fingern von anderen Körperteilen übertragen, sie können mit dem Wind von einem Menschen zum anderen fliegen, und sie breiten sich auch innerlich auf dem Blut- und Lymphweg aus.

Ohrmykosen

Ein Befall des äußeren Gehörgangs mit Pilzen erfolgt relativ häufig. Es zeigt sich wie ein nässendes, schuppendes, juckendes Ekzem, das natürlich jeder Cortison- und Antibiotikasalbe trotzt. Es breitet sich gerne hinter dem Ohr aus, denn hier findet es wieder sein bevorzugtes feuchtwarmes Milieu. Gehäuft befallen Mykosen auch das Mittel- und Innenohr und führen hier zu Ausfluß, Schwerhörigkeit, Schwindel und Ohrgeräuschen, ohne daß die typischen Ohrenschmerzen und visuellen Veränderungen des Trommelfells auftreten, wie wir sie von den bakteriellen Entzündungen kennen.
Besonders allergische Personen neigen zu diesen Symptomen durch den zusätzlichen Lymphstau im Halsbereich, denen Fachärzte dann oft völlig hilflos gegenüberstehen, wie meine Erfahrung leider immer wieder zeigt. Eine ganzheitliche äußere und innere Mykosebehandlung und das Ausschalten der Allergene bringt hier meist schnell und dauerhaft eine vollständige Heilung.

Mykosen der Nase und der Nebenhöhlen

Die Nasenschleimhaut und besonders die Nebenhöhlen sind ein bevorzugter Lebensraum der Mykosen. Hier finden wir oft mehrere Gattungen (Candida, Aspergillus und Mucor) friedlich vereint, so daß bei der Labordiagnostik immer wenigstens drei verschiedene Nährböden beimpft werden sollten; und auch die biologischen Tests müssen diese Möglichkeit im Auge behalten.
Den meisten Pilzinfektionen geht eine Vorschädigung durch bakterielle Erreger voraus, die übliche antibioti-

sche Behandlung vergrößert dann noch die Chancen für eine Mykose. Die Sporen kommen überwiegend über die Atemluft, aber auch aufsteigend aus dem Mundraum oder aus geschädigten Zahn-Kiefer-Bereichen. Eine mykotische Sinusitis unterscheidet sich kaum von einer bakteriellen Infektion. Typisch ist aber ihre Einseitigkeit und die Bevorzugung der Kieferhöhlen (Sinus maxillaris). Röntgenologisch findet sich eine atypische einseitige Verschattung.

Männer, Frauen und auch Kinder werden gleichermaßen betroffen. Sie klagen über Schmerzen in der Oberkiefergegend und hinter der Stirn, oft ist die Nasenatmung behindert, und sie leiden unter Nasenbluten. Beim Niesen und Säubern der Nase lösen sich bräunliche, käsige Massen, die Schleimhaut ist entzündet und scheidet laufend Sekret ab.

An alle diese Beschwerden, die oft jahrelang bestehen, gewöhnt sich der Patient. Er betäubt stärkere Schmerzen mit entsprechenden Medikamenten, nimmt den Druck im Oberkiefer nicht mehr bewußt wahr – und für die Nasensekretion gibt es schließlich Papiertücher! So wird eine gezielte Therapie verpaßt, und die Abwehr des Körpers erschöpft sich langsam, aber sicher durch diese ständige Belastung und Herausforderung. Kommen in diesem Stadium neue Störungen hinzu, seien sie nun seelischer oder körperlicher Natur, bricht oft das gesamte Immunsystem zusammen, und die Erreger können sich ungehindert über das Blut, die Lymphe oder lokal über die Knochen bis zum Gehirn ausdehnen und dort eine Meningitis oder Encephalitis auslösen. Dies geschieht selten, ist dann aber oft tödlich.

Wenn also nach einem grippalen Infekt oder einem Schnupfen die oben beschrieben Symptome bestehen bleiben, oder wenn sie nach einer anderen Krankheit erstmals auftreten, sollte man immer eine Mykose sicher ausschließen. Im Kopfbereich befinden sich vermehrt Eintrittspforten für Krankheitserreger, deshalb wird er von der Abwehr ganz besonders intensiv geschützt. Wir haben allein in diesem Bereich ca. 160 Lymphknoten (von 400 im gesamten Körper), die die Lymphflüssigkeit immer wieder filtern und dadurch Keime und andere Schadstoffe eliminieren.

Das geschieht besonders intensiv in den Rachenmandeln und ihrem umgebenden Gewebe. Aber gerade diese wichtigen Organe fehlen heute vielen Patienten, da sie sich durch die übergroße Entgiftungsfunktion oft selber zerstören und dann operativ entfernt werden müssen. Hier ist Vorbeugung die einzige Therapie! Besonders bei Kindern sollte alles versucht werden, chronisch entzündete Mandeln als lebenswichtiges Organ durch eine gesunde Ernährung, wenig Impfungen, biologische Lymphmittel und andere Ausleitungsmethoden zu retten. Der Körper dankt es ein Leben lang!

Man muß daran denken, daß ein gestauter Lymphabfluß heute mitverantwortlich ist für die vielen Zahn- und Kieferfehlstellungen. Hier wird dann später durch den Kieferorthopäden versucht, die entstandenen Schäden durch jahrelange Regulierungsmaßnahmen wieder auszugleichen. Wer denkt an die Vorsorge, damit diese Schäden gar nicht erst entstehen? Wer klärt die Eltern auf und erspart den Kindern somit viel Leid?

Bei nötigen Zahnregulierungen bitte folgendes bedenken: Erstens verändern extrahierte und verschobene Zähne das ganze Energiesystem, und zweitens müssen Materialien für Spangen usw. absolut neutral sein, da sie sonst zu schweren – oft unerkannten – Allergien und zu

Bei Zahnregulierungen auf neutrale Materialien achten!

einer übermäßigen Leberbelastung führen können. Beide Faktoren leisten einer Mykose natürlich Vorschub, wie Sie in den vorangegangenen Kapiteln erfahren haben.
Eltern kennen oft nicht die engen Zusammenhänge von Lymphbelastung durch falsche Ernährung, chronische Allergien, Impfungen, starke Medikamente, Amalgamfüllungen usw. mit ihren Auswirkungen auf die Nebenhöhlen, die Zähne, das Nervensystem und die Verdauungsorgane. Ein Kind, das durch starke Schadstoffbelastungen zu Nasenpolypen und/oder Mandelentzündungen neigt, atmet meistens mit offenem Mund und ist schon deshalb wesentlich gefährdeter, krank machende Keime aufzunehmen, als ein gesundes Kind. Dazu kommen die negativen Auswirkungen durch gestörten Schlaf, mangelnde Energien, häufige Infekte und dadurch bedingte psychische Veränderungen.
Ich weiß, daß es schwierig und auch ungewöhnlich ist, bei jedem unnatürlichen Eingriff in die Lebensgesetze stets an die möglichen Folgen zu denken. Aber Unkenntnis schützt leider nicht vor der »Strafe« = einer chronischen Krankheit. Die Verantwortung der Eltern ihren Kindern gegenüber ist heute sehr viel größer und schwieriger geworden – deshalb: *Informieren Sie sich,* fragen Sie die Natur, und verlassen Sie sich mehr auf Ihr Gefühl als auf modernes »Wissen«!

Mykosen der Gelenke

In der Literatur finden sich noch nicht viele Hinweise auf einen möglichen Pilzbefall der Gelenke. Aber die

Praxis hat mich gelehrt, diagnostisch danach zu suchen, wenn eine Patientin mit den bisher durchgeführten Behandlungen keine Besserung ihrer Gelenkbeschwerden erreichen konnte.

Wie und warum entsteht eine Gelenkmykose? Wie und warum entstehen ganz allgemein Entzündungen und Degenerationsprozesse an den Gelenken? Hier müssen immer mehrere auslösende Faktoren zusammenkommen, die oft erst in ihrer Gesamtheit eine Schädigung verursachen können.

Faktor 1 sind Gifte, die vom Körper über den Gelenkknorpel ausgeschieden werden. Wir hatten ja schon gehört, daß solche Entgiftungen häufig als entzündliche Reaktionen ablaufen und, daß der Körper besonders dann diesen Weg wählt, wenn die natürlichen Kanäle überlastet oder verstopft sind, z. B. wenn durch eine ungesunde Ernährung der verschlackte Verdauungskanal eine Überforderung des Blut- und Lymphsystems verursacht. Hier sind zum einen – besonders im Hinblick auf die Mykosen – die denaturierten Kohlenhydrate zu nennen, die durch ihre Gärfähigkeit den Pilzen einen idealen Nährboden liefern. Zum zweiten muß ich auch das Schweinefleisch anprangern, das durch seine Sutoxine (Schweinefleischtoxine) verantwortlich für viele verschiedene Krankheiten zeichnet und deshalb zu einem möglichen Wegbereiter für eine Mykose werden kann. Weitere Gifte sind die Impfungen, die unkontrolliert eingenommenen Medikamente, chronische Herde mit ihrer energetischen und bakteriellen Fernwirkung, gewaltsam unterdrückte Krankheiten, das Amalgam sowie weitere Stoffe.

Faktor 2 sind Allergien, die sich natürlich auch die Gelenkflächen als möglichen Reaktionsort aussuchen können. Hier ist besonders die sogenannte Autoaggres-

sionskrankheit gefürchtet, bei der krankhafte Zellveränderungen dazu führen, daß der Körper seine eigenen veränderten Zellen als Fremdstoffe angreift und sich so selber zerstört, d. h., er wird gegen sich selber allergisch. Solchermaßen geschädigte Gelenke sind leider besonders anfällig für eine Mykose, und eine wirkungsvolle Therapie muß hier natürlich die Allergie und die Pilze gleichzeitig bekämpfen.
Faktor 3 sind hormonelle Veränderungen, die durch Verschiebung des Mineralhaushaltes Defekte an Gelenken mitverursachen und chronisch werden lassen. Diese Hormonverschiebungen entstehen durch Streß, durch medikamentöses Eingreifen z. B. mit Cortison, Schilddrüsenhormonen, Kontrazeptiva und durch die operative oder krankhafte Zerstörung von wichtigen hormonbildenden Organen.
Faktor 4 sind Immundefekte, die weder das Eindringen noch die Ausbreitung von Krankheitserregern verhindern können. Die möglichen Schadfaktoren für unser Immunsystem habe ich schon in anderen Kapiteln aufgezählt und erläutert. Zur Erinnerung nur diese Kurzliste: Impfungen, Antibiotika, Corticoide, Fieberunterdrückung, Überforderung durch Streß und Schadsubtanzen.
Faktor 5 sind Fehlhaltungen des Körpers, z. B. durch falsche Schuhe, Arbeitsplätze, Betten, Sitzmöbel.
Faktor 6 sind Überforderungen des einzelnen Gelenks durch einseitige Arbeitsverrichtungen, zu schweres Tragen, erhöhtes Körpergewicht – und durch übertriebenes sportliches Training.
Faktor 7 sind psychische Belastungen, die im entsprechenden Kapitel ausführlich besprochen werden. Hier nur einige Beispiele, die zeigen, daß die enge Beziehung von Seele und Gelenken im »Volksmund« bestens

erkannt ist: »den ersten Schritt ins Leben machen«, »sein Kreuz zu tragen haben«, »ein gramgebeugter Rükken«, »Probleme mit beiden Händen anpacken«.

Alle aufgeführten Faktoren können Gelenke durch Entzündung, Degeneration und mechanischen Verschleiß schädigen, die Unterscheidung einer Arthritis, eines Rheumas und/oder einer Mykose fällt schwer. Arthritis heißt doch nur: Ein Gelenk ist entzündet, Rheuma heißt ganz unspezifisch: Entzündung des Muskel-Skelett-Systems, und bei der Mykose haben wir immer eine Schädigung durch die vorgenannten Krankheiten, die den Boden für eine Mykose bereiten. Deshalb muß bei der Therapie der Gelenkmykose in jedem Fall die bakterielle und allergische Komponente berücksichtigt werden. Ich möchte diese Schlußfolgerung sogar umdrehen: Bei jeder Gelenkerkrankung sollte – nein muß! – auch an eine zusätzliche antimykotische Behandlung gedacht werden.

Bei jeder Gelenkerkrankung sollte auch an eine Mykose-Behandlung gedacht werden

Ich kann bei einer Patientin mit Beschwerden in der Wirbelsäule oder in den Gelenken nie von vornherein sicher sagen, ob und in welcher Stärke hier ein Befall mit Pilzen ursächlich oder sekundär die Krankheit ausgelöst hat. Ich versuche, so viele Störfaktoren wie möglich auszuschalten, auszuleiten und auszutherapieren. Den Rest der Heilung schafft der Körper dann meistens alleine.

Das heißt in der Praxis: Eine sorgfältige Detektivarbeit, die entsprechenden Therapien und die Aufklärung des Patienten, damit er zur Mitarbeit motiviert wird. Die Erfüllung dieser drei Forderungen ist der Inhalt jeder Behandlung. Wird hier an Zeit, Geld und Geduld gespart – ob von seiten der Patienten oder des Therapeu-

ten –, verringern sich durch das Andauern der Schädigung immer mehr die Chancen einer Ausheilung. Wir können da helfen, wo etwas gestört ist, wir können nicht mehr helfen, wo etwas zerstört ist.
Der Patientin mit Gelenkbeschwerden wird oft erzählt, daß man nichts mehr machen könne, daß sie sich damit abfinden müsse. Sie bekommt Corticoide, große Mengen von Schmerzmitteln, wird zur Kur oder in Rente geschickt. Warum klärt »man« sie nicht über alle möglichen Schadfaktoren auf? Warum denkt »man« nicht an die Möglichkeit einer Mykose? Ich hatte noch *keinen* Patienten dieser Krankheitsgruppe in meiner Praxis, der zum Zahnarzt geschickt, dem eine Ernährungsumstellung nahegelegt oder bei dem eine Antimykosetherapie versucht worden wäre. Wieder kommen meine Fragen: Warum, warum?

Mykosen des Nervensystems und des Gehirns

Mykosen des Nervensystems und des Gehirns sind in der medizinischen Literatur bis jetzt kaum beschrieben worden. Das bedeutet aber nicht, daß es sie nicht gibt! Diese Folgerung entspräche nicht den Erfahrungen in meiner Praxis.
Es gibt verschiedene Ursachen für einen Pilzbefall des Nervensystems: Wir kennen die lokale Ausbreitung von Mykosen der Nebenhöhlen, des Kieferknochens, der Augen und der Ohren ins Gehirn, die dann meist heftige, schmerzhafte Veränderungen hervorrufen, die einer Tumorerkrankung sehr ähnlich sind – und leider auch oft als solche falsch diagnostiziert werden. Ihre

Behandlung gehört nicht in eine Naturheilpraxis, hier ist eine intensive Therapie in einer Klinik erforderlich. Ein ganz anderes Krankheitsbild entsteht, wenn eine äußere oder innere Mykose auf dem Blut- oder Lymphweg zu vorgeschädigten Nerven wandert und sich dort festsetzt. Das kann die Gesichtsnerven betreffen, die Austrittsstellen der Rückenmarksnerven oder jede andere Schwachstelle im Nervensystem. Hier müssen wir besonders an operative Eingriffe im Körper- oder Zahnbereich, an abgelaufene Herpes-Zoster-Erkrankungen und an mechanische Überlastungen denken. Bei einem operativen Eingriff kommt leider auch noch die Möglichkeit einer Infektion durch Instrumente usw. hinzu. Die Gefahr der Pilzsporenübertragung in Arztpraxen und Krankenhäusern wird oft nicht erkannt und nicht genügend berücksichtigt.

Ein großes Problem unserer Zeit ist die wachsende Zahl von Patienten mit chronischen Depressionen. Hier spielen psychische Faktoren sicherlich eine dominante Rolle, aber an dieser Stelle möchte ich als mögliche körperliche Ursache eine Mykose als Hypothese zur Diskussion stellen.

Hefepilze im Darm bilden Fuselalkohole, Schimmelpilze scheiden die sehr giftigen Aflatoxine aus; beide Mykosetoxine sind leberschädigend und damit als Mitverursacher von Depressionen bekannt. Eine vorgeschädigte Leber wird aber ebenso andere Giftstoffe aus der Nahrung und der Umwelt nur ungenügend abbauen, so daß auch diese weiter im Blutkreislauf verbleiben und zu zusätzlichen körperlichen und seelischen Veränderungen und Blockaden führen können.

Bei unseren Patienten beinhaltet deshalb die Behandlung einer Depression immer eine gezielte Antimykose-Therapie, verbunden mit dem Aufspüren und Aushei-

len von Allergien und chronischen Herden sowie das Meiden oder Absetzen von synthetischen Mitteln. Dazu kommt die Verordnung von fehlenden Grundbausteinen für das Nervensystem, besonders aus der Gruppe der B-Vitamine und der Aminosäuren.
Der Erfolg lohnt den Einsatz!
Die einzige Schwierigkeit besteht für mich im schrittweisen Absetzen der meist hochdosierten allopathischen Mittel, von denen oft schon eine suchtähnliche Abhängigkeit besteht.

Zusammenfassung:

Jedes innere Organ kann von Pilzen befallen werden. Voraussetzung ist jedoch immer eine vorangegangene Schädigung und Abwehrschwäche. Dies kann durch zahlreiche Faktoren geschehen: z. B. Gifte aus der Umwelt, Medikamente, falsche Ernährung und chronische Entzündungen. Eine Mykose kann andererseits auch weitere Erkrankungen nach sich ziehen, was die Diagnose zusätzlich erschwert.

Schulmedizinische Diagnosemöglichkeiten

Labormethoden

Bei Verdacht auf eine Mykose sollte zuerst eine Untersuchung des befallenen Materials durch das Mikroskop stattfinden. Die genauen Hinweise für die Materialentnahme, die Vorbereitungen für eine nötige Aufhellung des Zellmaterials, die verschiedenen Vergrößerungen und für die anschließende Auswertung und Diagnosestellung finden Sie in der entsprechenden Fachliteratur. Diese Arbeiten sollten nur einem gut ausgerüsteten mykologischen Labor übertragen werden, denn hier wird außer einem entsprechenden Fachwissen auch viel Geduld verlangt, da es leider vorkommt, daß sich die Pilze erst nach mehreren negativen Untersuchungen dann doch positiv zeigen.
Nach dieser mikroskopischen Voruntersuchung muß in jedem Falle eine Pilzkultur angelegt werden, um die Gattung zu identifizieren und um damit eine möglichst effektive Therapie einleiten zu können. Hierzu wird zum einem wieder ein fundiertes Fachwissen benötigt, zum anderen brauchen manche Züchtungen bis zu drei Wochen und mehr Zeit für ihre Entwicklung, so daß die mikroskopische Voruntersuchung schon aus diesem Grund unerläßlich ist.
Es gibt noch die selten angewandte Methode, verdächtiges Material auf Tiere zu übertragen, um eine Diagno-

se zu bestätigen. Für uns ist diese Manipulation aus ethischen Gründen undiskutabel.

Materialgewinnung

Es ist relativ einfach, bei äußeren Mykosen das erforderliche Material zu gewinnen. Hautschuppen werden am Rande von frischen Effloreszenzen an verschiedenen Stellen mittels eines sterilen Skalpells oder einer Impflanzette entnommen. Das Hautareal sollte vorher wenigstens drei Tage nicht mit Medikamenten behandelt worden sein.
Kopf- und Körperhaare werden mit einer Pinzette ausgezupft. Für eine sichere Diagnose werden mehrere befallene Haare benötigt, die optisch oft schon durch eine Depigmentierung oder andere Form- und Stabilitätsveränderungen auffallen. Bei Nagelmykosen schneidet oder feilt man befallene Teile für die Untersuchung ab.
Nässende Herde tupft man mit einem sterilen Watteträger ab, ebenso genitalen Ausfluß, Mund-, Nasen- oder Ohrmykosen. Eiter und Fistelinhalte können mit einer sterilen Spritze entnommen werden.
Stuhlproben werden gleich nach der Ausscheidung an mehreren Stellen entnommen, entweder mit einem sterilen Watteträger oder mit dem Kunststofflöffel, der jedem Untersuchungsbehälter beigegeben ist. Für Urinproben gelten die üblichen Vorschriften bezüglich Waschen und Mittelstrahlurinentnahme, hier wird zur genaueren Diagnose oft Katheterurin bevorzugt.
Die Untersuchung von Bronchialsekret und Sputum wird dadurch erschwert, daß dabei oft apathogene Kei-

me der Mund- und Rachenschleimhaut das Ergebnis verfälschen.
Der Nachweis von Mykosen im Blut und Liquor ist problematisch, da viele körpereigene Filtersysteme die Ausbreitung der Parasiten zu verhindern versuchen und diese nur kurz vor so einer »Filterstation« nachweisbar sind. Deshalb sollte bei Verdacht auf eine hämatogene Aussaat nur arterielles Blut zur Untersuchung verwendet werden, für dessen Entnahme es genau vorgeschriebene Praktiken gibt.
Mykosen der inneren Organe entziehen sich - außer durch Untersuchung der Organausscheidungen - der medizinischen Labordiagnostik. Hier liefert nur eine Gewebsentnahme eine gesicherte Aussage, wobei die histologische Untersuchung oft nicht sicher unterscheiden kann, ob eine Zellveränderung durch Pilze oder durch ein Krebsgeschehen verursacht wurde, so daß zusätzliches Abklären unbedingt erforderlich ist!

Visuelle Diagnose

Die visuelle Diagnostik eines Pilzbefalls des behaarten Kopfes, der Nägel, der äußeren Haut und der inneren Schleimhäute ist relativ unproblematisch, dafür aber nie ganz sicher. Es ist nicht möglich, die mannigfaltigen Bilder bei Hautmykosen zu beschreiben. Sie wandeln sich stark, je nach dem Erreger, dem befallenen Ort und der vorausgegangenen Schädigung. Hier ähnelt dann eine Mikrosporie des behaarten Kopfes einer Psoriasis, eine Neurodermitis läßt sich nur schwer von einem Befall mit Dermatophyten (Hautpilzen) unterscheiden, und auch die verschiedenen Ursachen einer

Vaginalentzündung bedürfen zu ihrer Abklärung differentialdiagnostischer Verfahren.

Alternative Diagnosemöglichkeiten

Ich verwende in meiner Praxis zusätzliche naturheilkundliche Diagnoseverfahren, die ich im folgenden darstellen werde. Sie erfordern jedoch eine Spezialausbildung und werden nur in biologisch orientierten Praxen angewandt. Bitte, fragen Sie mich jetzt nicht: Warum nur dort, warum sind sie noch nicht zum allgemeinen Gedankengut der Medizin geworden? Alle diese Methoden sind ausnahmslos von Medizinern und Biologen entwickelt worden, die mit den gegebenen Möglichkeiten nicht zufrieden waren und die sich nicht scheuten, auch neue Wege zu beschreiten.

Die Theorie und Methode von Dr. Enderlein wurden bereits beschrieben. Das Wissen, daß ein pathogener Erreger verschiedene Entwicklungsstufen durchläuft, die ihn von einem physiologischen, unsichtbaren Blutbestandteil zu einem krankheitserregenden Parasiten werden lassen, gibt uns die Möglichkeit, so schwerwiegende Krankheiten wie Krebs, AIDS und Mykosen in einem neuen Licht zu sehen.

Es ist kein Druckfehler, wenn ich hier die drei Hauptgeißeln der Menschheit in einem Atemzug nenne. Sie gehören für uns entwicklungsmäßig und auch therapeutisch zusammen: Wer dies erkennt, verliert seine Angst davor. Einen Feind, dessen Herkunft, Schwächen und Waffen man kennt, braucht man – fast – nicht mehr zu fürchten.

Dunkelfeldmikroskopie

Es gibt spezielle Untersuchungsmethoden des Blutes, wie z. B. die Dunkelfeldmikroskopie nach Dr. Enderlein, bei der ein Tropfen Blut aus der Fingerbeere oder dem Ohrläppchen des Patienten entnommen und dann unter einem Spezialmikroskop betrachtet wird. Jetzt kann der geschulte Therapeut ablesen, in welchem Krankheitsstadium sich der Patient befindet, wie seine Abwehrlage beschaffen ist und wie stark der allgemeine Befall des Blutes fortgeschritten ist. Der Ausstrich des lebendigen Blutes gibt wichtige Hinweise auf die Lebensenergie und die psychischen Verhaltensmuster des Patienten, wodurch die körperlichen Therapien und die seelischen Veränderungen während der Behandlung sehr gut kontrolliert werden können. Manches Blutbild liegt regungslos unter dem Mikroskop – der Patient wartet passiv auf Hilfe von außen. Bei anderen Patienten arbeiten die einzelnen Blutbestandteile aktiv und ausdauernd und signalisieren einen starken Lebenswillen, durch den dann auch der Einsatz von Medikamenten und Psychotherapien ganz anders beantwortet werden wird. Hier werden Heilreaktionen bewußt und gerne akzeptiert, was bei passiven Patienten oft nicht möglich ist, wodurch sich ihre Genesungszeit viel länger hinziehen wird.
Oft findet man bei Patienten z. B. im schulmedizinischen Bluttest noch eine ausreichende Anzahl von Leukozyten als Abwehrzellen, die sich dann aber im Dun-

kelfeldmikroskop als viel zu kleine oder inaktive oder leicht zerfallene Zellen zeigen und dafür verantwortlich sind, daß ein Erreger nicht mehr wirkungsvoll und ausdauernd vernichtet werden kann. Auch Durchblutungsstörungen durch Pilzbelastungen und »verklebte« Erythrozyten zeigen sich im Mikroskop und können jetzt ursächlich und nachhaltig behandelt werden, wodurch Folgeschäden endlich auch ausgeheilt und die Gesamtsituation des Organismus optimiert wird.
Wir haben eine Kamera installiert und können durch Bilder während der Auflösungszeit des Blutes für den einzelnen Patienten, aber auch für verschiedene Therapiemöglichkeiten eine gute Dokumentation erstellen, wobei die veränderte Umwelt und die zusätzlichen Noxen dazu führen, daß sich immer neue Varianten und Erregerformen zeigen, die jeden Organismus und jeden engagierten Therapeuten täglich herausfordern.

Elektroakupunktur (EAP) nach Dr. Voll

In meiner Praxis verwende ich für die Diagnose- und Therapiefindung hauptsächlich die Elektroakupunktur (EAP) nach Dr. Voll. Diese Methode hat als Basis die Erkenntnis, daß alles Geschehen im Körper energetisch gesteuert wird. Es gibt verschiedene Energiebahnen (Meridiane), spezielle, elektrisch signifikante Körperpunkte (Akupunkturpunkte) und große komplexe Kraftzentren (Chakren). Das Wissen um diese Energien und ihre diagnostische sowie therapeutische Anwendung kommen aus der östlichen Medizin, sind aber heute auch für jeden wissenschaftlich orientierten Forscher nachzuvollziehen.

Für die EAP benutzen wir zwanzig verschiedene Meridiane, die doppelseitig angelegt sind und jeweils an den Nagelecken der Hände und Füße enden bzw. anfangen. Jeder dieser Punkte und jede dieser Energiebahnen korrespondiert mit einem Organ oder Organsystem; sie stehen aber auch untereinander in engen Beziehungen, so daß wir den Körper wirklich als Gesamtheit zu sehen haben: Jedes Organ beeinflußt jedes Organ – positiv oder negativ!
Die einzelnen Meßpunkte, von denen es über tausend gibt, haben einen veränderten elektrischen Hautwiderstand, den wir in der Praxis mit einem Spezialgerät am Patienten völlig schmerzfrei und ungefährlich messen. Erhöhte Meßwerte zeigen einen Entzündungs- oder Erregungszustand an, niedrige Werte geben Hinweise auf degenerative Prozesse durch Alterung oder Krankheit.

Bei der klassischen Akupunktur benutzt man zur Therapie Spezialnadeln, die das gestörte elektrische Potential eines Punktes durch Zuführen oder Ableiten von Energie ausgleichen. Ähnlich verfährt man bei der Akupressur, wo spezielle Punkte massiert und gepreßt werden. Auch die Behandlung der Punkte mit Laser, Injektionen, Strom, Magnetpflastern usw. hat immer zum Ziel, den gestörten Energieumlauf wieder zu harmonisieren. Die Chinesen sprechen hier von Yin und Yang, wir Westler verstehen die physikalischen Begriffe Plus und Minus, Anode und Kathode, zwischen denen der Strom als Träger von Energie fließt. Eine Seite bedingt die andere, das Absterben einer Seite bedeutet auch den Tod der gegenteiligen Energien.
Hier verschmelzen medizinische, psychologische und philosophische Aspekte, hier kann man den Körper nicht mehr isoliert ohne seine Seele und ohne den um-

gebenden Kosmos sehen. Warum sträuben sich bei uns noch so viele Menschen, sich zumindest theoretisch mit diesem anderen Weltbild auseinanderzusetzen? Vor welchen Konsequenzen fürchten sie sich? Können sie dann eine bloße Symptombehandlung nicht mehr vertreten? Müssen sie sich bei der Therapie dann auch um die Psyche des Patienten und das Wohl unseres Planeten sorgen?

Wie sieht die praktische Anwendbarkeit der Elektroakupunktur aus?

Die Patientin sitzt entspannt vor mir, sie hält mit einer Hand eine Elektrode, und an der anderen Hand - selten auch an den Füßen - werden von mir die Nageleckpunkte durchgemessen. Sie kann selber den jeweiligen Zeigerausschlag verfolgen und auf einer vor ihr liegenden Tafel die einzelnen korrespondierenden Organe ablesen.

Nach der ersten Messung, die mir eine Gesamtübersicht gibt, gebe ich nacheinander die verschiedensten Medikamente in den Meßkreis und lese jetzt wieder die veränderten Werte der einzelnen Punkte ab. Ich suche so lange, bis ich das oder die Mittel gefunden habe, die den Energiestrom der Patientin wieder auf ein Optimum bringen. Die ausgetesteten Medikamente zeigen mir genau an, welche Organe betroffen sind, welche Mängel bestehen, welche alten Krankheiten oder vorangegangenen Therapien Störungen hinterlassen haben und welche Mittel der Körper braucht, um sich heilen zu können.

Das klingt alles sehr plausibel und einfach - und das ist

es auch in dem Maße, wie Ihnen ein guter Pianist völlig mühelos eine Sonate von Beethoven vorspielt. Hier – und bei der EAP – ist nicht das Instrument ausschlaggebend, sondern das Können des Anwenders.
Man braucht ein detailliertes medizinisches Wissen, muß die Homöopathie beherrschen und sollte über eine intuitive Logik verfügen, die das Auffinden der richtigen Mittel unter der Auswahl von mehreren tausend Einzelsubstanzen erleichtert. Sind diese Voraussetzungen erfüllt, hat der Patient eine optimale Chance, die für ihn richtigen Heilimpulse in einer verträglichen Stärke, einer gut resorbierbaren Form und auch zur passenden Zeit zu bekommen.
Bei starker Toxinbelastung darf dabei nie vergessen werden für die nötige Ausleitung über Leber, Niere, Lymphe, Haut und Darm zu sorgen. Sonst werden zwar alte Gifte gelöst, aber sie setzen sich ohne die Unterstützung der obigen Organe wieder an gleichen oder anderen Körperstellen fest.
Bei allen diesen biologischen Therapien muß die Patientin angehalten werden, mindestens 1,5 l Flüssigkeit täglich zu sich zu nehmen. Ich empfehle dazu ein gutes Wasser aus einer stillen mineralarmen Quelle; bei Tees und Gemüsebrühen, die einen sehr guten ausschwemmenden Effekt haben, muß natürlich eine Allergie sicher ausgeschlossen werden. Vorbeugend sollten deshalb die einzelnen Sorten und Inhaltsstoffe immer wieder gewechselt werden, damit eine mögliche allergische Reaktion grundsätzlich vermieden werden kann.
Zur Unterstützung gebe ich den Patienten folgendes Bild: Sie wollen großen Hausputz machen. Sie nehmen aber in Ihren Eimer nur ganz wenig Putzwasser. Was passiert?

Wie erkennt man eine Mykose durch Elektroakupunktur?

Für die EAP-Messung stehen uns die verschiedensten naturheilkundlichen Mittel zur Verfügung; wir können aber auch allopathische Medikamente mit dieser Methode auf ihre Wirksamkeit und auf eventuelle Nebenwirkungen prüfen.

Zusätzlich diagnostizieren und therapieren wir mit den sogenannten Nosoden. Dies sind potenzierte (verdünnte) Krankheitsstoffe, die uns bei der Testung und der Medikation helfen, erstens die akuten, chronischen oder versteckten Krankheiten aufzufinden und zweitens diese dann durch das Verabreichen der passenden Nosode zur Ausheilung zu bringen. Ich beschreibe hier das ganze Prinzip zum besseren Verständnis natürlich sehr vereinfacht, diese Ausführungen sollen keinen Ausbildungskurs ersetzen. Ich möchte Ihnen nur aufzeigen, daß der Naturheilkunde durch diese erweiterte Akupunkturmethode ein gutes, sicheres Instrument für die Diagnose und Therapie zur Verfügung steht. Das betrifft alle körperlichen, geistigen und seelischen Störungen, und hier bilden die Mykosen – zum Glück! – keine Ausnahme.

Wir haben etliche Pilznosoden von verschiedenen Herstellern, die aber leider nicht die große Fülle der neuentwickelten Mykosen abdecken, da durch die Pharmaindustrie laufend »wirkungsvollere« Antibiotika = neue Pilzgattungen gezüchtet werden, deren entsprechende Cyclogenie-Formen (neue Bakterien und Viren!) und Langzeit-Auswirkungen überhaupt noch nicht erfaßt werden können. Für unsere Diagnose sind sie absolut ausreichend, für die Therapie der leider sehr hartnäckigen Mykosen benötigen wir noch zusätzliche Methoden und Mittel, die ich im folgenden beschreiben werde.

Für betroffene Laien sind meine Ausführungen vielleicht nicht immer in jedem Detail verständlich, für Behandler sind es Wiederholungen von Altbekanntem. Diese Schwierigkeit durchzieht das ganze Buch – es ist der geforderte Preis, gleichzeitig interessierte Patienten und engagierte Therapeuten mit dem Thema Mykosen zu konfrontieren. Ich verfolge dabei die Idee und die Hoffnung, daß auf beiden Seiten dadurch mehr gegenseitiges Verständnis für die jeweiligen Probleme geweckt wird: Die beste Therapie muß versagen, wenn die Mitarbeit der Patientin und des Patienten fehlt, ebenso hoffen Patienten vergeblich auf Heilung, wenn die gestellte Diagnose und/oder die verordneten Medikamente falsch sind.

Wir sitzen »alle im selben Boot«, wir können nur gemeinsam der fortschreitenden Ausbreitung der Mykosen entgegenwirken. Deshalb danke ich Ihnen, daß Sie mir bis hierher gefolgt sind. Ich werde mich weiterhin bemühen, die psychologischen, medizinischen und sozialen Aspekte für alle Betroffenen in möglichst verständlicher und praktikabler Form darzustellen.

Energetische Testmethoden

Neben der EAP-Diagnostik werden in der Naturheilkunde verstärkt auch die Kinesiologie/Touch for Health eingesetzt sowie radiästetische Methoden mit Pendel und Biotensor. Werden diese Praktiken von einem verantwortungsbewußten Therapeuten einge-

setzt, sind sie ebenso aussagefähig und reproduzierbar wie die EAP-Testung.
Auch die sogenannte DFM-Schreibung zur Aufzeichnung der allgemeinen Energiesituation ist in unserer Praxis ein wichtiges Zusatzdiagnostikum, das sehr deutlich Blockaden, Entzündungen und allergische Körperreaktionen aufzeigt und gut zur Therapiekontrolle eingesetzt werden kann.

Welche naturheilkundlichen Therapieformen stehen zur Verfügung?

In den folgenden Kapiteln gehe ich auf Methoden und Medikamente ein, die uns in der Naturheilkunde zur Verfügung stehen. Ich beschreibe grundsätzlich nur Therapien, die ohne schädliche Nebenwirkungen sind, die ambulant und zu Hause durchgeführt werden können und die in meiner Praxis ausprobiert worden sind. Damit erhebe ich keinen Anspruch auf Vollständigkeit – ganz im Gegenteil erwarte und erhoffe ich eine Fülle von erweiternden Anregungen und neuen Rezepten als Antwort auf dieses Buch.

Das Thema Mykosen ist bis heute erst so wenig erforscht und beschrieben worden, daß wir für die Zukunft durch unsere Zusammenarbeit eine echte Pionierarbeit leisten können und müssen. Wer hier sein Wissen zurückhält, um vielleicht dadurch einen größeren Zulauf für seine Praxis zu erreichen, entscheidet sich gegen das göttliche Prinzip der Liebe, entscheidet sich letztlich gegen das Leben.

In diesem Buch möchte ich nicht auf verschreibungspflichtige Antimykotika eingehen, da ich mit ihnen bisher keine positiven Erfahrungen sammeln konnte. Aber ich weiß, daß sie bei starkem Mykosebefall die letzte Rettung sein können, und wir müssen dankbar sein, daß sie für diese Notfälle zur Verfügung stehen.

Welche äußeren Therapien?

Wer meint, einen Hautpilz nur mit äußeren Anwendungen von Salben, Tinkturen, Bestrahlungen usw. heilen zu können, wird leider meistens keine dauerhaften Erfolge erzielen können. Ich habe bereits eindringlich auf die schädlichen Einflüsse von Kleidung, Medikamenten und Lebensweise hingewiesen, die einer Ausheilung oft entgegenstehen. Bei allen folgenden Therapievorschlägen werde ich auf diese Faktoren nicht mehr im einzelnen eingehen, sondern sie als bekannt und unabdingbar für eine Heilung voraussetzen.

Hautmykosen sind für den Patienten meistens nur »lästig«, er übersieht dabei die Gefahr der Ausbreitung auf die Schleimhäute und die inneren Organe, er ist sich oft auch nicht bewußt, daß er durch seinen chronischen Pilzbefall einen Ansteckungsherd für andere Menschen darstellt. Ich will hier keine »Mykosehysterie« züchten, ich darf in diesem Rahmen aber auch nicht die bestehende Gefahr verharmlosen.
Pilze mögen ein feuchtwarmes Milieu, deshalb kann man Luft und Sonne gut in die Therapie einbauen. Statt Turnschuhen möglichst offene Sandalen tragen, Babys mit Windeldermatitis viel nackt strampeln lassen, und an »kritischen« Stellen wirkt die Bestrahlung mit einer UV-Lampe manchmal Wunder. Es gibt eine sehr gute preiswerte Ultra-Vitalux-Lampe, die für kleine Hautareale absolut ausreichend ist.
Zum Einreiben auf befallene Hautstellen hat sich das Kastner-Olivenöl bestens bewährt, das man als Rezeptur durch den Arzt oder Heilpraktiker bekommt. Es wirkt viruzid, bakterizid und fungizid, d. h., es be-

kämpft gleichzeitig sehr wirksam eine oft diagnostizierte Superinfektion mit anderen Keimen. Es brennt nicht, pflegt die geschädigte Haut, ist völlig nebenwirkungsfrei und kann sehr leicht mehrmals täglich aufgetragen werden.

Ebenso wirksam, aber manchmal etwas problematischer in der praktischen Anwendung ist der altbekannte Peru-Balsam (Balsamum peruvianum). Es ist ein Baumharz, das nach Vanille riecht und schmeckt, äußerst preiswert in jeder Apotheke zu beziehen ist und ein- bis zweimal täglich in die betroffene Hautstelle eingerieben wird. Da es etwas färbt, muß empfindliche Wäsche evtl. abgedeckt werden. Es wirkt austrocknend, so daß bei Bedarf gleichzeitig eine gute fetthaltige Heilsalbe eingesetzt werden kann.

Neben diesen beiden Einreibungen teste und empfehle ich Zinkpasten und -öle, da durch das Mineral Zink nachweisbar die Heilung und Stärkung der Hautzellen gefördert wird. Einen ähnlichen Effekt hat 3%ige Borsalbe, die man sich in seiner Apotheke herstellen lassen muß, wobei die jeweils verwendete Salbengrundlage auf eine mögliche Allergie getestet sein sollte. Natürlich kann zusätzlich das fehlende Mineral auch innerlich in Form von Tabletten oder Tropfen eingenommen werden, um den gesamten Haut- und Schleimhautstoffwechsel ursächlich und langfristig zu optimieren. Da in Deutschland die Beschaffung von Bor Schwierigkeiten bereitet, kann man auf Borax D4 ausweichen – wobei die Tabletten bei Scheidenmykosen auch vaginal angewendet werden sollten.

Auch Zimtöl, Eichenrinde und Teebaumöl haben sich in der Hautmykose-Therapie bewährt; hierzu hat Herr Apotheker B. Hoffmann eine wirkungsvolle Tinktur zu-

sammengestellt, die direkt über seine Apotheke bezogen werden kann:
Marien-Apotheke
Naturfreundestraße 4 a
83734 Hausham

Von der Firma Sanum-Kehlbeck gibt es sehr gute Salben gegen spezielle Pilze und zur Verbesserung des Hautmilieus, die aber gezielt getestet und dann zusammen mit einer inneren Behandlung eingesetzt werden sollten.

Für eine erfolgreiche Therapie ist es unerläßlich, daß der Patient mitarbeitet

Ich selber vermeide wenn immer möglich schulmedizinische antimykotische Salben und Medikamente, da diese meist wiederum aus Pilzen hergestellt werden und damit dem Körper neue »Pilzinformationen« geben.

Ist der Patient nicht bereit, während und nach der naturheilkundlichen Therapie die alten mykoseauslösenden Gewohnheiten abzulegen, da er nur nach Scheinmedikamenten gegen die Symptome sucht, dann ist mit keiner Methode ein dauerhafter Erfolg möglich – und ich lasse mich nicht von einem Patienten dazu »benutzen«, schädliche Gewohnheiten durch meine Therapien für den Körper tolerierbar zu machen, ob es sich hier nun um Medikamente, Tabak, Alkohol, Streß, Nahrung oder sonst etwas handelt.

Dies ist für viele Patienten zuerst eine neue, unbequeme Erfahrung. Sie sind es gewohnt, daß schulmedizinisch versucht wird, die lästigen Symptome einer falschen Lebensführung zu unterdrücken. Bei mir müssen die Patienten nun plötzlich mitarbeiten und mitdenken. Ich nehme ihnen ihre Ausreden und ihre falsche Denkrichtung, dafür bekommen sie Aufklärung, Hilfe und Mitgefühl. Schließlich bin ich ja auch kein Engel, sondern gebe offen zu, daß ich auch selber noch gegen die Natur- und Lebensgesetze verstoße – aus Bequemlichkeit und Unachtsamkeit. Ich erzähle meinen Patientinnen von meinen eigenen gewonnenen und verlorenen Kämpfen und mache ihnen damit Mut, es auch zu versuchen!

Bei vielen hartnäckigen Hautmykosen kommt man ohne eine zusätzliche innere Therapie nicht zum gewünschten Erfolg. Hier muß bei jeder Behandlung die ganze Palette der im folgenden aufgeführten Medikamente nach geeigneten Mitteln abgefragt werden mittels EAP oder anderer sicherer Testmethoden.

Es wäre bei der Vielzahl der möglichen Therapieformen unverantwortlich, wahllos einzelne Präparate »auszuprobieren«, hier muß schnell, gezielt und vielschichtig therapiert werden. Wir brauchen bei jedem Rezept spezifische Nosoden und abwehrsteigernde Mittel. Dabei darf die Ausleitung über Lymphe, Niere, Haut und Leber ebensowenig vergessen werden wie die Unterstützung der Psyche durch die Bach-Blüten, eine Psycotron-Therapie oder durch Kinesologie und Emotional Clearing (EMC).

Jede einzelne Medikation muß mit der Patientin, dem Patienten durchgesprochen werden, damit sie oder er die Zusammenhänge versteht und dadurch die Mitarbeit gefördert wird.

Dies ist besonders wichtig bei Patienten, die sich vorher noch nie mit Naturheilkunde beschäftigt haben und denen man genau erklären muß, wie sich unser Therapiekonzept aufbaut und warum wir für eine wirksame Mykosebekämpfung den gesamten Menschen behandeln müssen.

Wir dürfen auch nicht vergessen, auf mögliche Heilreaktionen hinzuweisen, damit diese nicht aus Unkennt-

nis allopathisch unterdrückt oder sogar ängstlich als neue Krankheiten angesehen werden.
Ich weise die Patienten immer wieder auf zusätzliche Faktoren hin, die sie bei der Behandlung auch berücksichtigen müssen. An erster Stelle denke ich hier natürlich an eine Umstellung der Ernährung, um den Säure-Basen-Haushalt zu normalisieren. An zweiter Stelle steht die kritische Betrachtung aller eingenommenen Medikamente. Ich hatte schon erwähnt, daß es praktisch unmöglich ist, eine Scheidenmykose auszuheilen, wenn gleichzeitig Kontrazeptiva oder andere östrogenhaltige Medikamente eingenommen werden. Noch schlimmer wird die Situation bei Corticoiden oder Antibiotika. Solche Medikamente verlieren ihre schädlichen Spätwirkungen oft erst nach einer durchgeführten Nosodentherapie. Wir dürfen hier natürlich auf gar keinen Fall irgendwelche Medikamente absetzen; dies kann nur durch den Patienten in Absprache mit dem behandelnden Arzt – oder auf eigene Verantwortung – geschehen.
Aber auch in diesen Fällen lasse ich mich nicht zum »Mitspielen« verleiten: Will ein Patient unbedingt allopathische Medikamente mit entsprechenden Nebenwirkungen einnehmen, dann soll er – bitteschön! – auch mit seinen daraus entstehenden Mykosen zur gleichen Adresse gehen. Das klingt zwar hart, aber es öffnet vielen die Augen, sie betrachten die Situation kritischer und wägen bewußter die Vor- und Nachteile der möglichen Therapien ab.
Die Patienten und wir dürfen bei unserer gemeinsamen Aufgabe nie vergessen, daß jede Krankheit uns zeigt, daß hier im seelischen Bereich etwas nicht stimmt, daß hier Lernprozesse von der geistigen auf die körperliche Ebene übertragen worden sind. Wenn also notwendige

Entwicklungsstufen durch Medikamente gewaltsam unterdrückt werden, *muß* der Körper mit einer anderen Krankheit reagieren, *muß* der fehlende Lernschritt durch Leid und Krankheit erlebt werden.
Da Mykosen – wie ich später noch ausführen werde – am liebsten auf schwachen oder bereits abgestorbenen Zellen wachsen, zeigen sie uns damit den Weg zu ihrer Entsprechung auf der geistigen Ebene. Sie wachsen dort, wo alte Lernmuster nicht rechtzeitig abgeschlossen und nicht durch neue ersetzt wurden. Sie zwingen uns, solche Entsprechungen bewußt wahrzunehmen, und sei es auch nur auf dem Umweg über eine schmerzhafte, lästige – oder sogar gefährliche – Mykose.

Welche inneren Therapien?

Hier müssen wir sehr deutlich zwischen spezifischen Antimykosebehandlungen und unspezifischen Methoden der Abwehrsteigerung unterscheiden. Nur ein geschwächter Körper ist anfällig für eine Mykose, deshalb gehören der Aufbau einer intakten Abwehr und die Regeneration von geschädigten Organen zu jeder Mykosetherapie.
Für eine gezielte Behandlung stehen uns leider auf der naturheilkundlichen Seite nur wenige Mittel zur Verfügung, wobei wir von einer artspezifischen Therapie eigentlich nur bei den Nosoden sprechen können. Ich werde im nächsten Kapitel auf die Behandlung mit körpereigenen Schwingungen, die Moratherapie, eingehen, die wir im weitesten Sinne auch zu den spezifischen Therapien rechnen.

Was versteht man unter einer Nosodentherapie?

Nosoden heißen auch Antitoxine, d. h., sie bringen akut zugeführte, aber besonders chronisch festgesetzte krankmachende Stoffe durch ihre energetische Information zur Ausleitung. Sie lösen dadurch alte Impfungen, unfertig ausgeheilte Krankheiten, Umwelt- und Medikamentengifte, Allergene – und natürlich Pilze, indem sie wie ein passender Schlüssel das eingeschlossene Toxin befreien, das jetzt endlich in einer Heilreaktion oder durch bloßes Ausscheiden den Körper verlassen kann.

Man stellt Nosoden nach den Regeln der Homöopathie her. Ihre Ausgangsstoffe sind Krankheitserreger, kranke Körperteile, krankhafte Ausscheidungen und krankmachende Gifte.

Die Nosodentherapie sollte nur von darin erfahrenen Behandlern angewandt werden. Sie erfordert erstens eine sichere Methode für die Diagnose, wie z. B. die Elektroakupunktur nach Dr. Voll (EAP), oder den Kinesiologietest. Zweitens dürfen Nosoden nicht mehr eingesetzt werden, wenn die Reaktionslage des Körpers weit unter der Norm liegt oder wenn die Ausleitungsorgane den Abtransport der Toxine nicht bewältigen können. Hier müssen zuerst diese Schwächen, falls möglich, behandelt werden, bevor eine gezielte Nosodentherapie eingesetzt werden darf.

Alle Nosoden gibt es in verschiedenen Stärken (Potenzen) und unterschiedlichen Darreichungsformen. Wir haben Ampullen, in denen das Mittel in physiologischer Kochsalzlösung enthalten ist und die injiziert, getrunken und eingerieben werden können. Ferner gibt es alkoholische Tropfen, Tabletten aus Milchzucker oder kleine Globuli aus Rohrzucker für die orale Einnahme. Eine Allergie auf Alkohol (Getreide!) oder Milchzucker sollte unbedingt bei der Medikation beachtet werden, aber auch bei anderen Mitteln müssen wir an eine mögliche Schadwirkung durch den Tablettenüberzug oder an eine erworbene Allergie durch eine zu lange Einnahmedauer denken.

In Deutschland arbeiten die meisten Therapeuten mit den D-Potenzen, d. h., hier wird jeweils 1 Teil der Urtinktur mit 10 Teilen Trägersubstanz (physiologische Kochsalzlösung, Alkohol oder Milchzucker) intensiv verschüttelt oder verrieben. Dabei werden die Energien der Ursubstanz auf die Trägersubstanz übertragen, so daß langsam immer weniger Moleküle, dafür aber immer mehr Energien enthalten sind. Jeder Potenzierungsschritt bekommt eine Zahl: Nach der 1. Verschüttelung von 1 Teil Urtinktur mit 10 Teilen Trägermedium sprechen wir von der D_1, wenn wir davon wieder 1 Teil wegnehmen und es erneut kräftig mit 10 Teilen der Trägersubstanz vermischen, erhalten wir die D_2. Medikamente bis D_{12} bezeichnet man als Tiefpotenzen, ab D_{60} sprechen wir von Hochpotenzen, dazwischen liegen die mittleren Potenzen.

Akute Krankheitsprozesse, die energetisch mehr im Körperlichen liegen, werden mit tiefen Potenzen behandelt, chronische Störungen und Erbkrankheiten erfordern hohe Potenzen.

Diese eben aufgezeigten Herstellungsweisen und Anwendungsvorschriften gelten für alle homöopathischen Heilmittel. Die Nosoden bilden nur von ihrer Ursubstanz her eine Sondergruppe. Für sie werden, wie schon beschrieben, krankheitsauslösende Stoffe als Material für die Herstellung benutzt, die übrigen Ho-

möopathika haben als Grundstoffe Mineralien, Pflanzen und Tierzellen.
Alle potenzierten Mittel wirken wie ein Schlüssel für das passende Schloß, sie gehen als Information zur Zelle, ohne auf diesem Wege irgendwelche Schäden zu verursachen. Hier wirkt nicht eigentlich die Substanz, sondern eher die energetische Schwingung, die nach dem Simile-Prinzip: »Gleiches mit Gleichem zur Heilung anregen«, einen akuten oder chronischen Krankheitsprozeß zur Auflösung bringt. Bei der Anwendung müssen drei Voraussetzungen erfüllt sein:

1. Das Mittel muß stimmen.
2. Die Potenz muß dem augenblicklichen Prozeß angepaßt sein.
3. Die kranke Zelle muß die ankommende Information noch verarbeiten können.

Ich sagte schon früher: Wir können heilen, was *ge*stört ist; wir versagen, wenn etwas bereits *zer*stört ist.
Erfüllen wir diese drei Forderungen, setzt die Heilung oft sehr spontan mit zum Teil starken Heilreaktionen wie Fieber, Durchfall, Schweißausbrüchen usw. ein.
Darin liegt die eigentliche – und einzige! – Gefahr dieser Methode. Man sollte diese Erstreaktionen nicht als Nebenwirkungen bezeichnen, und sie sollten möglichst nie unterdrückt werden. Aber die Patientin muß auf sie aufmerksam gemacht werden, und im Therapieplan dürfen Mittel, die diese Heilreaktionen abmildern oder positiv unterstützen, nie fehlen.

Starke Heilreaktionen sind möglich, sollten aber nicht unterdrückt werden

Die Firma Staufen stellt verschiedene Pilznosoden in verschiedenen Darreichungsformen her; sie erweitert das Therapieangebot laufend, so daß alle Behandler jährlich die neue Nosodenliste anfordern sollten.

Von der Firma Heel haben wir die Nosoden Nageltrichophytie und Nagelmykose in der Injeel- und der Injeel-forte-Form, die beide therapeutisch sehr gut bei inneren *und* äußeren Mykosen eingesetzt werden können. Hier dürfen wir uns nicht durch die Benennung irritieren lassen. Beide Nosoden werden in meiner Praxis vorwiegend bei inneren Mykosen eingesetzt, deren Erreger ursprünglich Hautmykosen verursacht hatten und die dann erst später zu den inneren Organen vordrangen.

Jeder Behandler, jede Behandlerin kann natürlich aus der befallenen äußeren Haut oder der zugänglichen Schleimhaut, aus dem Blut, dem Urin oder aus pathologischen Exkreten selber eine patientenspezifische Nosode nach den Regeln der Homöophatie oder energetisch mit dem Moragerät herstellen, wie ich es später eingehend beschreiben werde. Diese Nosoden sind in ihrer Wirkung besonders gut, d. h., sie rufen oft sehr starke Heilreaktionen hervor und sollten nur von erfahrenen Therapeuten hergestellt und angewendet werden.

Nun möchte ich in Dankbarkeit auf eine Arzneigruppe und deren Urheber eingehen, die in meiner Praxis an Wichtigkeit, Effektivität und Vielseitigkeit an oberster Stelle stehen: Es sind die Mittel der Firma Sanum-Kehlbeck, die durch die Forschungen des Biologen und Bakteriologen Prof. Dr. Enderlein ermöglicht und erarbeitet wurden und die durch die oben genannte Firma heute endlich allen aufgeschlossenen und zukunftsorientierten Behandlern zur Verfügung stehen. Zu Lebzeiten von Dr. Enderlein war der Krebs bereits zu einem medizinischen Problem geworden, die heute erlebte Ausbreitung der Mykosen hatte dieser geniale Forscher vorhergesehen, die »neue Krankheit« AIDS ist für alle,

die versuchen, seine Gedankengänge nachzuvollziehen, eine logische Konsequenz, eine logische Steigerung der pathologischen Situation auf unserer Erde.
Die Forschungsergebnisse von Prof. Enderlein zwingen die medizinische Wissenschaft zum Umdenken. Da dies aber zu unbequem ist, werden sie ganz einfach ignoriert, die daraus resultierenden therapeutischen und diagnostischen Möglichkeiten finden keinen Eingang in die Behandlungskonzepte der Kliniken und der Praxen, die betroffenen Kranken werden um ihre Heilungschancen gebracht.
Wer trägt dafür die Verantwortung? Wer kann sich dieser Verantwortung entziehen?
Die Firma Sanum-Kehlbeck veranstaltet in Hannover und anderen Städten Einführungs- und Fortbildungskurse für das Enderleinsche Therapiekonzept, sie stellt Testkästen aller Einzelmittel zur Verfügung und verschickt auf Anfrage Informationsschriften. Die Einarbeitung in dieses spezielle Gebiet erfordert von allen Behandlern anfänglich ein Umdenken und das Loslassen von altgewohnten physiologischen und pathologischen Lehrsätzen. Aber der Erfolg in der Praxis und die Befriedigung in der Arbeit belohnen diesen kleinen Denk- und Arbeitseinsatz sehr schnell und sehr überzeugend.
Es ist unmöglich, für die verschiedenen Organmykosen ganz spezielle Therapievorschläge zu geben, da praktisch *jeder* Pilz an *jedem* Organ *jede* krankhafte Erscheinung verursachen kann. Ich gebe Ihnen als Behandler meine grundlegenden Erkenntnisse aus der Praxis weiter, *eine Eigenmedikation für Laien muß ich strikt ablehnen,* da diese tiefgreifenden Medikamente eine umfassende Begleittherapie erfordern.
In meiner Praxis werden alle Sanum-Präparate mit der

EAP-Methode ausgetestet und immer zusammen mit anderen Nosoden, Organpräparaten, abwehrsteigernden Substanzen und ausleitenden Mitteln verordnet. Latensin und Utilin in den verschiedenen Stärken ist meistens die Basismedikation, wobei ich wegen der unkontrollierbaren Resorption inzwischen keine Kapseln mehr verordne, aber bei Kindern die Utilin-Einreibung zu schätzen gelernt habe. Ich lasse sie bei Kleinkindern in die Lymphregionen und um den Bauchnabel einreiben, bei großen Kindern und Erwachsenen in die Ellenbeuge oder in das jeweils gestaute Lymphgebiet. Die spezifischen Pilznosoden kommen je nach EAP-Test gezielt hinzu, hier verändern sich die erforderlichen Mittel im Laufe der Behandlung, und man muß bei *jedem* Besuch erneut nachtesten. Die Heilreaktionen können, wie schon erwähnt, sehr heftig sein, deshalb soll die Behandlung mit den höchsten Potenzen und den schwächsten Verdünnungen begonnen werden. Für Laien klingt dieser Satz widersinnig, aber ein homöopathisch geschulter Verordner weiß, was ich damit meine.

Gibt es patientenspezifische Heilmethoden? (Mora)

Wenn Sie bedenken, wie viele verschiedene pathogene Pilze inzwischen als Erreger von schweren Krankheiten erkannt worden sind, dann können Sie sich vorstellen, daß die homöopathische Pharmaindustrie hier noch ein großes therapeutisches Feld mit neuen Nosoden abdecken muß.
Wir behelfen uns in diesem Fall mit einer bioenergeti-

schen Methode: der Moratherapie, einer Therapie mit körpereigenen Schwingungen.

Um diese Methode in ihrer Wirkung zu verstehen, muß man sich zuerst die Erkenntnis zu eigen machen, daß die wichtigsten Kräfte in der Natur die elektromagnetischen Schwingungen sind, die unseren Stoffwechsel, die Hormonproduktion, das Nervensystem usw. steuern. Damit können wir die Homöopathie erklären, so können wir die engen Wechselbeziehungen zwischen Seele und Körper, zwischen Gedanken und ihrer materiellen Manifestation verstehen.

Eine gesunde Zelle hat eine gleichmäßige (kohärente) Strahlung, die sie in dieser Form auf alle anderen Zellen überträgt. Eine kranke Zelle verändert ihre Ausstrahlung, und auch diese kranke Schwingung wird als Information an den gesamten Organismus weitergegeben. Deshalb ist nie »nur« ein Organ krank, sondern immer der ganze Mensch mit allen seinen Zellen!

Kranke Zellen verändern ihre Ausstrahlung und beeinträchtigen damit den gesamten Organismus

Bei der Moratherapie werden nun die körpereigenen Schwingungen des Patienten per Elektrode abgenommen, sie werden im Gerät modifiziert, verstärkt und danach dem Patienten als Heilschwingung über eine zweite Elektrode wieder zurückgegeben. Es führt hier zu weit, das ganze physikalische und medizinische Wissensspektrum, das in dieser genialen Therapie steckt, zu erklären. Interessierte Therapeuten bitte ich, das Buch *Moratherapie* von Dr. Morell aus dem Haug-Verlag zu lesen und zusätzliches theoretisches und praktisches Wissen durch unser Kursangebot zu erwerben.

Für die Mykosen bedeutet diese Therapie, daß auch ihre krankmachende Schwingung ganz spezifisch ver-

ändert wird, ohne daß wir die einzelne Pilzgattung oder das betroffene Organ vorab genau diagnostiziert haben.
Wir können die Therapie jedoch noch optimieren, indem wir während der Behandlungszeit zusätzlich patienteneigene pathologische Ausscheidungen in das Gerät eingeben, wie z. B.

- Urin bei Nierenmykosen
- Stuhl bei Darmmykosen
- Speichel bei Mundmykosen
- Sputum bei Lungenmykosen
- Nasensekret bei Nasennebenhöhlenmykosen
- Ohrschmalz bei Ohrmykosen
- Tränenflüssigkeit bei Augenmykosen
- Scheidensekret bei Scheidenmykosen
- Samenflüssigkeit bei männlichen Genitalmykosen
- Blut bei Parasitenbefall des Blutes

Auch Medikamente können auf diese Art sehr wirkungsvoll zusätzlich zur Injektion oder oralen Einnahme in den Patienten »eingeschwungen« werden.
Eine zweite Möglichkeit, die Moratherapie zu verstärken und gleichzeitig ihre Wirkungsdauer auszudehnen, besteht darin, daß wir am Ausgang des Gerätes die patienteneigenen heilenden Schwingungen auf eine Trägersubstanz, z. B. ein vorhandenes Medikament oder Wasser, übertragen und die Patientin nun täglich diese energetisch aufbereitete Substanz einnimmt oder einreibt.

Welche weiteren oralen Antimykotika stehen uns zur Verfügung?

Zusätzlich zu diesen Therapien bietet uns die Natur einige Substanzen, die einen starken antimykotischen Effekt ausüben. Die Reihenfolge, in der ich sie aufzählen werde, bedeutet keine Wertung, ich verordne sie in der Praxis nur nach dem Kriterium: Wie stark verbessert das jeweilige Mittel die Energielage des Patienten, kann ich ihm oder ihr die Einnahme vom Geschmack, von der Kapselgröße (bei Kindern wichtig!) und vom finanziellen Aufwand zumuten?

Propolis ist das Kittharz der Bienen, mit dem sie ihre Körbe vor dem Befall mit pathogenen Erregern schützen. Aus diesem Grund ist es ein ideales Antimykotikum, das leider sehr teuer ist und vom Geschmack her nicht allen Patienten zugemutet werden kann. Wir können es heute nur noch selten direkt vom Imker als Ursubstanz bekommen; üblich in meiner Praxis ist die Verordnung von Propolis in der Urtinktur von der Firma Hanosan, manchmal auch in der potenzierten Form von der gleichen Firma.

Man kann aber auch Peru-Balsam als 20%ige Tinktur in der Apotheke zur inneren Einnahme herstellen lassen, oder man verrührt 20 ml Peru-Balsam in einem Glas Naturhonig und nimmt davon 3 x täglich 1 Teelöffel (lutschen lassen!).

Eichenrinde hat eine gute Wirkung als äußere Anwendung bei Hautpilzen, aber es lohnt sich, bei inneren Mykosen, besonders im Verdauungstrakt, einen selbst hergestellten Eichenrindentee zu trinken – auch wenn er nicht gut schmeckt. Die nach einem speziellen Verfahren aus Eiche hergestellten Aura-Geo-Tropfen aus der Raiffeisen-Apotheke, Hamm, Telefon 0 26 82/2 60, geben einen allgemeinen abwehrstärkenden Impuls und haben sich bei der Mykosetherapie bereits bestens bewährt.

Den Einsatz von Mystatin lehne ich persönlich ab, da dieses Pharmamittel - wie ähnliche Antibiotika - aus dem Strahlenpilz Streptomyces gewonnen wird und deshalb nur in lebensbedrohenden Situationen kurzfristig eingesetzt werden sollte. Der »Preis« für die erzielte rasche Symptombefreiung ist recht hoch: a) häufige Rückfälle, da keine Ursachen behandelt werden; b) allergisierend, besonders bei prädisponierten Patienten, da die Pilze auf Milcheiweiß gezüchtet werden; c) die Darmflora wird empfindlich gestört; d) der Körper bekommt eine zusätzliche Pilzinformation, deren Cyclogenie und Spätwirkung noch unbekannt ist.

Vorsicht: Nystatin ist frei verkäuflich - so wie auch viele Schmerzmittel, Zigaretten etc. -, wohingegen Bachblüten, Borwasser, viele Aminosäuren in Deutschland kaum noch erhältlich sind.

Bitte wägen Sie persönlich sehr sorgfältig und verantwortungsbewußt den Nutzen und das Risiko beim Einsatz von Nystatin-Präparaten ab, so wie Sie es ja auch schon für die Verordnung und Einnahme von künstlich hergestellten Hormonen gelernt haben.

Zusammenfassung:

Die wichtigsten alternativen Diagnosemöglichkeiten sind:

- Dunkelfeldmikroskopie: Frisch entnommenes Blut wird unter einem speziellen Mikroskop auf seine Zusammensetzung und die Qualität der einzelnen Blutpartikel hin untersucht.
- Elektroakupunktur: An den signifikanten Akupunkturpunkten der Nagelecken von Händen und Füßen wird mit einer Elektrode der elektrische Hautwiderstand gemessen. Die Meßdaten erlauben Rückschlüsse auf den Zustand einzelner Organe und die Art einer Erkrankung.
- Moratherapie: Die körpereigene Schwingung wird mit einer Elektrode abgenommen, im Gerät modifiziert und an den Patienten als Heilschwingung zurückgegeben.

Wer oder was schwächt unsere Abwehr?

Das Immun- oder Abwehrsystem des Körpers ist ein komplexes Zusammenspiel von vielen verschiedenen Faktoren. Es wird gesteuert von Nerven und Hormonen, die wiederum übergeordneten Schaltzentren unterstehen. Letztlich bestimmt unsere Seele, ob und in welcher Form der Kampf gegen eindringende Krankheitserreger geführt wird.

Das Nerven- und Hormonsystem können wir zwar anatomisch trennen, aber in ihren Funktionen beeinflussen sie sich auf so vielfältige Weise, daß wir sie eigentlich immer als eine Einheit sehen müssen. Im Gehirn sitzen die Epiphyse, der Thalamus mit dem Hypothalamus und die Hypophyse, die über ihre spezifischen Hormone die anderen Hormondrüsen des Körpers steuern. Sie kontrollieren laufend die einzelnen Hormonkonzentrationen im Blut und geben die Impulse zur Steigerung oder Drosselung der Produktion entsprechend diesen Werten.

Hier erkennen Laien – und wieviel mehr verantwortungsvolle Therapeuten – die große Gefahr einer künstlichen Hormongabe. Nimmt ein Patient ohne schwerwiegende Gründe z. B. ein Hormon der Nebennierenrinde, ein sogenanntes Corticoid, oder wird seine Schilddrüsendysfunktion mit synthetischen Hormonen therapiert, dann besteht immer die Gefahr, daß dieses Überangebot eines einzelnen Hormons die Steuerung im Gehirn veranlaßt, die gesamte Hormonproduktion zu drosseln.

Es ist für den Thalamus und die Hypophyse leider schwierig, nur ganz gezielt einzelne Drüsen zu drosseln oder anzuregen. Bei einer einseitigen Hormonsubstitution wird *immer* das gesamte System beeinflußt und damit fehlgesteuert, die Natur beantwortet auch in diesem Bereich einen künstlichen Eingriff mit weitreichenden Schäden, die dann oft nicht mehr ursächlich den auslösenden Medikamenten zugeordnet werden.

Welche Frau denkt schon an diese wichtigen Regelkreise, wenn sie ganz automatisch täglich ihren Ovulationshemmer, ihre »Antibabypille« einnimmt? Und wenn dann nach Jahren vielleicht eine Schilddrüsendysfunktion entsteht, werden als Therapie oft wiederum synthetische Hormone verordnet, die weitere Schäden nach sich ziehen.

Dies ist aber leider nur eine Seite der möglichen Nebenwirkungen. Warum werden bei so einer Medikation fast nie die psychischen Veränderungen beachtet? Warum wird die Patientin so selten über diese Zusammenhänge aufgeklärt, so daß sie nicht in eigener Verantwortung entscheiden kann, welcher Nutzen und welche Risiken ihr bei der Einnahme solch tiefgreifender Mittel entstehen können? Wenn jede Patientin wüßte, wie hoch der seelische und gesundheitliche Preis bei manchen Rezepten ist, dann würde sie sicher öfter auf sie verzichten.

Wer verhindert hier die ehrliche Aufklärung? Ist es die Industrie, die natürlich verkaufen möchte? Ist es der Arzt, der durch Zeitmangel und Symptombehandlungsdenken seine eigentliche Heilaufgabe vergißt?

Oder ist es die Patientin selber, die den bequemen Weg ohne Eigenverantwortung gehen möchte?
Die psychischen Veränderungen, die ich eben angesprochen habe, stehen selten auf den »Beipackzetteln«. Aber jeder Laie weiß, daß bei einer Frau in der Schwangerschaft nicht nur körperliche, sondern auch starke seelische Veränderungen stattfinden. Warum sollen diese Tatsachen bei einer »künstlichen« Schwangerschaft durch Ovulationshemmer plötzlich nicht mehr gelten? Wer kann solche Behauptungen aufrechterhalten?
Ich weiß, daß sich viele Frauen mit der Pille ausgesprochen wohl fühlen, sogar besser als ohne diese zusätzlichen Hormone. Das ist aber wieder nur ein Beweis *für* ihre Wirkung auf die Psyche, ein Beweis *für* ihren tiefen Eingriff in unsere Seele. Wollen wir diese Manipulation bewußt? Würden wir genauso bedenkenlos Psychopharmaka einnehmen?

Die Einnahme künstlicher Hormone sollte sorgfältig überlegt sein

Dieses Beispiel soll für alle synthetischen Hormone stehen, es soll die engen Wechselbeziehungen zwischen Nerven und Hormonen verdeutlichen, und es soll gleichzeitig jede und jeden von uns in die Verantwortung ziehen. Vorbeugen ist besonders hier besser und leichter als das spätere Ausheilen von entstandenen Therapieschäden.
Wir wissen also, daß künstliche Hormongaben das gesamte hormonelle System beeinflussen, und wir haben erkannt, daß auch das Nervensystem und die Psyche verändert werden. Eine dritte mögliche Schädigung entsteht an den Ausscheidungsorganen: der Leber, der Niere, dem Lymphsystem und der Haut. Alle synthetischen Medikamente stellen für den Körper eine Herausforderung dar, der er oft nicht gewachsen ist. Er soll

hier Stoffe abbauen, die nicht natürlich, sondern künstlich zusammengesetzt sind und die den körpereigenen Abbaumechanismen trotzen. Hier entstehen langfristig Leberschäden, Nierenleiden, Hautkrankheiten und eine völlig verschlackte Lymphe, die zwangsläufig dann zu neuen Folgekrankheiten führen. Der Körper wehrt sich dagegen in Form von Entzündungen, Ablagerungen und kranken Ausscheidungen - und wir wissen alle, daß diese Heilreaktionen (natürlich) auch wieder gewaltsam mit chemischen Mitteln unterdrückt werden.

Wo und wie greifen diese besprochenen Regelkreise in das Immunsystem ein?

Ich hatte schon gesagt, daß unsere Abwehr aus einem komplexen Gebilde der verschiedensten Organe besteht, die letztlich alle vom Gehirn mit seinen Hormon- und Nervenzellen gesteuert werden. Auf diesem Gebiet wird noch intensiv geforscht, und es kommen laufend neue Erkenntnisse hinzu. Wir wissen bereits seit Jahren, daß die Thymusdrüse ein Schlüsselorgan für die Abwehr darstellt. Aber auch die Schilddrüse, die Nebenniere und die Milz sind eng mit diesem Regelkreis verbunden; ebenso die Bauchspeicheldrüse, deren Enzyme wichtig sind für die Auflösung von Fremdeiweiß, d. h. von Krankheitserregern und entarteten Zellen.

Die gesamte Abwehr muß nach der Geburt erst aufgebaut werden, d. h., die einzelnen Organe müssen ihre Aufgabe durch Training lernen. Für die ersten Wochen stehen dem Kind noch fertige Abwehrkörper in der Muttermilch zur Verfügung, später muß es sich alleine mit den exogenen und endogenen Krankheitserregern auseinandersetzen.

Nimmt man einem Körper diese Trainingsmöglichkeiten durch Impfungen, Fieberunterdrückung, Antibiotika und Corticoide, verkümmern seine entsprechenden Rezeptoren und Organe, und er wird Krankheitserregern, die oft ohne starke Anfangssymptome eindringen, völlig hilflos gegenüberstehen.

Mykosen kommen meist auf solchen nicht mehr überwachten Schleichwegen, sie setzen sich auf der Haut oder der Schleimhaut fest und erobern von dort aus langsam immer mehr Terrain. Bis der Patient oder die Therapeutin sie erkennen, sind dann oft schon Jahre vergangen, und die Schäden haben ein Ausmaß angenommen, das eine völlige Ausheilung manchmal nicht mehr möglich macht.

Genau an diesem Punkt setzt nun die naturheilkundliche Therapie ein, deren Hauptziel es ist, die verkümmerte körpereigene Abwehr wieder zu aktivieren.

Hauptziel der naturheilkundlichen Therapie ist die Aktivierung der körpereigenen Abwehr

Uns stehen zu diesem Zweck sehr viele verschiedene Medikamente und Methoden zur Verfügung, die individuell für den einzelnen Fall und die einzelnen Patienten zusammengestellt werden müssen. Ich kann Ihnen deshalb an dieser Stelle keine fertigen »Kochrezepte« geben, aber ich werde die vielen »Einzelzutaten«, d. h. Therapieformen, vorstellen und die optimale Anwendung dann Ihrem Geschick, Ihrer Intuition und Ihren Möglichkeiten überlassen.

An dieser Stelle möchte und muß ich einige sehr wichtige Gedanken einflechten: Es gibt in Deutschland ein Gesetz, wonach nur Ärzte oder Heilpraktiker eine Diagnose stellen und eine Krankheit behandeln dürfen.

Wenn Sie als Laie dieses Buch lesen, dürfen Sie den Inhalt für sich selber verwenden, aber Sie dürfen auf gar keinen Fall anfangen, Nachbarn und Freunde zu thera-

pieren! Und dies nicht nur wegen des bestehenden Gesetzes, sondern auch wegen der Gefahr, daß Sie wichtige Dinge übersehen, unzureichend behandeln oder den anderen eine falsche Sicherheit vermitteln, durch die sie den Weg zum Arzt oder Heilpraktiker versäumen.
Sie dürfen (und müssen!) aufklären und die »Noch-nicht-Kranken« zur Eigenverantwortung motivieren. Aber bereits Erkrankte gehören in die Obhut eines entsprechend ausgebildeten Therapeuten. Dies gilt für Sie selber ebenso wie für alle, denen Sie helfen wollen!
[Jeder muß den Mut haben oder entwickeln, sich ganz gezielt einen Heiler zu suchen, der seinem Entwicklungsstand und seiner Krankheit entspricht.] Hier müssen die Ebenen stimmen. Der beste Therapeut kann nichts erreichen, wenn die Patientin ihn nicht versteht – oder wenn er selber die Wünsche und Möglichkeiten der Patientin nicht deutlich erkennen kann.
Wenn ein Kranker mit einer Darmmykose von mir schnelle Hilfe per Medikament erwartet und sich gleichzeitig sträubt, seine unphysiologischen Gewohnheiten zu verändern, dann werde ich ihn nach der ersten gründlichen Beratung bitten, zu einem anderen Behandler zu gehen, der ihm diese irrationalen Wünsche erfüllen kann. Ich bin dafür die falsche Adresse.

Nun zurück zum Thema Abwehrschwäche: Bevor ich mit meinen Therapiehinweisen beginne, möchte ich nochmals alles kurz aufzählen, was die Abwehr schädigen und damit die Mykose verursachen kann:
Kinder werden in der modernen Medizin gegen die meisten Kinderkrankheiten geimpft, es wird ihnen also die Chance genommen, durch diese Infektion ihre seelische und körperliche Abwehr zu trainieren. Früher

konnten während solcher Krankheitsphasen alte Schlacken im Fieber und in der Entzündung ausgeschieden werden. Auch das seelische Wachstum wurde durch die intensiven Stoffwechselprozesse angeregt, auch hier wurden die Schlacken von alten Verhaltensmustern ausgeschieden, und die Kinder waren nach natürlich durchgemachten Infektionskrankheiten oft gereift, im Gesicht und im Körperbau verändert und ihrem Lebensalter entsprechend angepaßt.

Werden diese wichtigen Phasen unterdrückt, entsteht nicht nur eine allgemeine Abwehrschwäche, sondern häufig auch eine seelische Labilität, wie heute der hohe Konsum von Drogen wie Nikotin, Alkohol, Psychopharmaka usw. zeigt. Warum lassen wir das zu, warum wollen wir hier alle Risiken auf Kosten von »Lebensqualität« vermeiden? Werden die Eltern wirklich ausreichend über die Vor- und Nachteile der einzelnen Impfungen aufgeklärt? Wird ihnen gesagt, daß sie damit lebenswichtige Wachstumsprozesse gewaltsam unterdrücken? Vergißt die Schulmedizin nicht völlig das Gesetz, daß jede Krankheit »ihre« Zeit und »ihre« Aufgabe hat, daß die Impfung aber oft zum falschen Zeitpunkt erfolgt und dadurch chronische Schäden gesetzt werden können?

Bei ständiger Krankheitsunterdrückung verkümmert die körperliche Abwehr

Aber unser Körper gibt nicht so schnell auf! Kann er sich wegen der vielen Impfungen nicht mehr mit üblichen Kinderkrankheiten infizieren, so bleibt doch noch die Möglichkeit, über grippale Infekte die Abwehr zu trainieren und die Ausscheidung alter Schlacken zu aktivieren. Wenn jetzt aber das Fieber und die Entzündung als »Krankheit« bekämpft und nicht als wichtige Heilreaktionen begrüßt werden, dann resigniert der

Körper langsam, die Abwehrsysteme verkümmern – und den Mykosen ist die Tür geöffnet.
Bevor die Mykosen dann endlich manifest werden, bestehen meistens schon lange chronische Herde, die die Abwehr gänzlich blockieren und/oder überfordern. Bei Kindern finden wir diese Herde hauptsächlich in den Nebenhöhlen, dem lymphatischen Rachenring, dem Darm und dem Appendix, bei Erwachsenen kommen dann noch die Zähne als zusätzlicher chronischer Störfaktor hinzu.
Allopathische Medikamente als Wegbereiter für Mykosen haben wir bereits ausführlich besprochen. Wer sie als Betroffene oder als Therapeut vor Behandlungsbeginn nicht sorgfältig ausschaltet und alte Reste über Nosoden zur Ausheilung bringt, wird leider – wenn überhaupt möglich – für die Ausheilung einer Mykose sehr viel mehr Aufwand an Zeit, Energie und Medikamenten benötigen, als dies mit einer richtigen Vortherapie erforderlich wäre.
In der Krankengeschichte muß sehr detailliert nach eingenommenen Medikamenten gefragt und diese müssen durch die EAP auf mögliche Stör- und Blockadewirkungen überprüft werden. Hier ist besonders auf Immunsuppressiva, Hormone, Impfstoffe und Psychopharmaka zu achten, da sie – unabhängig von ihrer Anwendungsdauer und dem Zeitintervall – zwangsläufig erhebliche negative Auswirkungen auf die Abwehr haben. Die Patienten sind immer wieder sehr erstaunt und erschrocken, wenn ich als mögliche Krankheitsursache (nicht nur für Mykosen!) ganz deutlich ein allopathisches Medikament austeste und dessen Spätwirkungen dann im Laufe der Nosodentherapie zur Ausleitung bringe.
Schwierig wird es, wenn augenblicklich verordnete

wichtige Medikamente durch ihre starken Nebenwirkungen die Therapie einer Mykose blockieren. Hier muß sehr gewissenhaft mit der Patientin und mit der behandelnden Ärztin nach einem Kompromiß, nach einem Heilungsweg gesucht werden. Hier darf nicht rücksichtslos das Vertrauen des Patienten zu seinem Arzt zerstört, sondern hier müssen alle betroffenen Seiten angehört und zu einer Lösung geführt werden.
Ist diese Möglichkeit nicht gegeben, dann muß sich der Patient alleine entscheiden, welchen Weg der Heilung er gehen möchte, dann muß er die Verantwortung für seine Therapieform alleine übernehmen. Gerade für diese Situation ist das vorliegende Buch geschrieben, denn es möchte die Patienten ebenso unterrichten wie die Therapeuten, es möchte die Kluft zwischen Laien und Behandlern schließen helfen, und es möchte allen Beteiligten neue Denkanstöße und neue Möglichkeiten der Therapie weitergeben.
In meiner Praxis verschwende ich wenig Zeit mit dem Bedauern über alte Fehler, aber ich investiere um so mehr Zeit in die Aufklärung über natürliche Zusammenhänge, über neue Therapieformen und über die Auswirkungen von falschen Verhaltensweisen. Vergangene Fehler können über Nosoden neutralisiert und/oder mit Naturheilmitteln kompensiert werden. Ist dies nicht mehr möglich, nützt weder das ständige Jammern noch das Suchen nach einem Schuldigen.
Wir leben hier und heute, wir dürfen uns weder hinter der Vergangenheit als Alibi für heutige Schwächen verstecken, noch sollten wir unsere Energien durch Zukunftsängste blockieren. Negative Gedanken haben die gleiche Kraft der Verwirklichung wie positive Vorstellungen. Ist es mit diesem Wissen im Hintergrund über-

haupt noch »erlaubt«, sich mit Sorgen um drohende Krankheiten zu befassen?

Die stärkste positive Kraft dieser Erde ist die Liebe: die Liebe zum Schöpfer, zu uns selbst und zur bzw. zum Nächsten. Warum erkenne ich diese Kraft oft nicht? Warum wende ich sie nicht an? Warum lasse ich sie manchmal gar nicht zu? Ist das Leben mit »Ersatzlieben« einfacher? Denken wir bei solchem Ersatz auch an die Flucht in die Krankheit, an die Befriedigung durch Drogen?

Soll ich Ihnen hier Medikamente gegen Mykosen aufzählen, oder möchten Sie lieber grundsätzlich vermeiden, überhaupt krank zu werden? Bitte lachen Sie nicht über solche Fragen. In der täglichen Praxis vergessen wir sie häufig und wundern uns dann, wenn durch unsere Therapie nur das Symptom zeitweilig verschwindet oder auf andere Organe verschoben wird, ohne daß der entsprechende Lernschritt vollzogen wurde.

Bei der Heilung spielen die seelischen Lernprozesse des Patienten eine entscheidende Rolle

Es ist unmöglich, die Abwehr der Patienten gegen Mykosen zu mobilisieren, wenn dieser Mensch »eigentlich« gar nicht gesund werden möchte. Abwehr bedeutet aktiver Kampf, bedeutet körperliche Arbeit, bedeutet die bewußte Abwende von schädlichen Einflüssen.

Diese drei Leistungen kann der Patient nur für sich selber vollbringen. Wir können ihm dabei zwar helfen, aber wir können ihm diese Arbeit niemals durch unsere Therapie, unsere Fremdenergien abnehmen. Optimale Heilungsaussichten entstehen immer dann, wenn die seelische Bereitschaft des Patienten oder der Patientin, ihre bzw. seine geistige Motivation und unsere körperlichen Therapien zeitlich zusammenfallen.

Ich wende in meiner Praxis verschiedene Methoden an,

auch diese absolut notwendigen (um die Not zu wenden) seelisch-geistigen Prozesse anzuregen und für die Heilung einzusetzen. Im Rahmen dieses Buches gehe ich auf einige dieser Möglichkeiten ein, erhebe aber damit in keiner Weise den Anspruch auf Vollständigkeit. Es ist mir hier wichtiger, auf kausale Zusammenhänge hinzuweisen, auslösende Ursachen aufzuzeigen und die Gefahren einer rein körperlichen Therapie zu beschreiben.

Welche Bedeutung hat das Blut für die Abwehr?

Das Blut übernimmt im Abwehrkampf eine sehr wichtige und vielschichtige Rolle. Wir kennen eine große Anzahl von sichtbaren Blutbestandteilen, deren Bedeutungen für die Abwehr ausreichend erforscht sind und die deshalb für die Beurteilung der jeweiligen Abwehrlage labordiagnostisch wichtige Hinweise geben. Ich möchte hier nicht detailliert ins Thema einsteigen, denn es würde die Laien nur verwirren und alle Kollegen langweilen.

Wir sehen z. B. an der Blutsenkung, ob eine Entzündung vorliegt, wir erkennen an der Leukozytenzahl und ihrer Differenzierung die augenblickliche Situation der Abwehr, und wir können aus dem Aussehen der Erythrozyten Rückschlüsse auf die gesamte Stoffwechsellage des Patienten ziehen. Aber die Laboraussage über die jeweilige Blutbildveränderung läßt nicht die Ursache erkennen, sie gibt uns wenig Hinweise auf das betroffene Organ, und sie zeigt immer erst dann veränderte Werte, wenn der Schaden manifest geworden ist. Deshalb benutzen wir in der Naturheilkunde zusätzliche Methoden, die eine Vorfelddiagnostik ermöglichen und gleichzeitig eine gesicherte Verlaufskontrolle gewährleisten. Dies ist besonders für die Mykosen wichtig, da sie sich den »normalen« Blutuntersuchungen weitgehend entziehen und auch schulmedizinische

Speziallabors Schwierigkeiten bei der genauen Diagnosestellung haben.

Da sich der Körper gegen eine Mykose nicht mit Fieber und Entzündung zur Wehr setzt, sieht man im Blut auch keine entsprechenden Veränderungen. Man findet zwar oft eine geschwächte Abwehr, die aber von zusätzlichen oder vorangegangenen chronischen Herden hervorgerufen worden sein kann und keinen ursächlichen Bezug zur Mykose hat.

Es gibt auch Hinweise auf allergische Reaktionen im Blut, aber es ist nicht sicher zu diagnostizieren, ob sich die Allergie nun gegen Mykotoxine (Pilzgifte) oder gegen irgendwelche anderen Allergene richtet. Der direkte Labornachweis von Pilzen im Blut ist nur selten möglich, da die hämatogene Aussaat erst zu einem späten Krankheitsstadium erfolgt und körpereigene Filter immer wieder versuchen, diese Mykosen zu eliminieren.

Aber die Nativblutuntersuchung im Dunkelfeldmikroskop ermöglicht es uns, pathologische mykotische Prozesse schon früh zu erkennen, und sie ist eine sichere Methode, den gesamten Heilungsprozeß zu verfolgen und sogar durch Spezialfotos zu dokumentieren. Das Dunkelfeld gibt aber auch aussagefähige Hinweise auf die Aktivität und Größe der Leukozyten, auf die Beschaffenheit der Erythrozyten, auf die allgemeine Vitalität der Patientin und auf die Sauerstoffversorgung des Organismus.

Oft ergibt die »übliche« Laboruntersuchung noch eine ausreichende Zahl von Leukozyten, d. h. von Abwehrzellen, aber im Dunkelfeld zeigen sich dann nur inaktive, verkleinerte Zellen, die zudem sehr schnell zerfallen und die deutlich werden lassen, warum der Patient unter Mykosen und anderen Infekten leidet.

Die Untersuchung des Nativblutes mittels Dunkelfeldmikroskopie eröffnet ein weites neues Feld der Diagnose – nicht nur für Mykosen –, aber es erfordert auch einen großen Einsatz des Therapeuten und einen regen Erfahrungsaustausch zwischen Behandlern, der Pharmaindustrie und den Betroffenen.
Die Langzeitbeobachtung des Blutes gibt uns Hinweise auf die Gesamtlebensenergie der Patientin, auf spezielle Organbelastungen, und sie zeigt uns sehr deutlich die möglichen Gefahren von Eigenblutbehandlungen, Blutübertragungen und Operationen. Bei entsprechender Erfahrung und Ausrüstung können natürlich auch sehr gut wirkende Eigennosoden während der verschiedenen Entwicklungsstadien gewonnen werden, die – ebenso wie die homöopathischen Erbnosoden – breitgefächert als Diagnostikum und Therapeutikum eingesetzt werden können.
In unserer Praxis führen wir außerdem bei jedem Patienten den sogenannten Polysan-Test durch, der zusätzliche diagnostische Hinweise gibt auf chronische Gift- und Erbbelastungen. Auch die Blutzuckerbestimmung aus dem Nüchternblut gehört zu einer mykologischen Diagnose, da sowohl zu niedrige (Hypoglycämie) als auch zu hohe Werte (Diabetes) unbedingt in der Therapie berücksichtigt werden müssen, da die dadurch entstehenden Stoffwechselveränderungen immer begünstigend für eine Mykose sind. Oft fehlt dem Organismus zur Heilung »nur« Zink und Chrom GTF (Glucosetoleranzfaktor) in einer gut resorbierbaren Form – neben der Lösung der psychischen Lernaufgabe, besser mit Zucker = Liebe umzugehen.
Für den Therapeuten führen ja immer viele Wege zum Ziel; hier muß jeder für sich die verschiedenen Diagnose- und Therapieverfahren austesten und dann für sei-

ne Praxis kombinieren. Für die Mykosen brauchen wir eine Summationsdiagnostik, die die verschiedenen Bereiche der Schulmedizin, der Naturheilkunde und auch der Psychologie beinhaltet. Hier sollten alle medizinischen Bereiche zusammenarbeiten und auch zusammen weiterforschen. Nur der rege Wissensaustausch durch persönliche Kontakte, Veröffentlichungen und unsere Arbeitsgemeinschaft kann neue Wege für Diagnose und Therapie eröffnen.

Welche Abwehrfunktion hat die Lymphe?

Die Lymphflüssigkeit mit den Lymphozyten ist ein wichtiges Glied in der Kette des gesamten Abwehrsystems. Ebenso wie beim Blut, kann ich auch hier nicht auf anatomische und physiologische Einzelheiten eingehen, da sie den Rahmen dieses Buches sprengen würden, aber ich werde die wichtigsten Funktionen und Störfaktoren aufzeigen.

Die Lymphe ist eine Körperflüssigkeit, die dem Blut ähnelt, aus ihm entstammt und auch wieder in das Blut zurückfließt. Trotzdem obliegen ihr wichtige spezifische Aufgaben, die außer in der Transportfunktion hauptsächlich aus der Abwehrleistung der Lymphozyten bestehen. Die Lymphe durchfließt auf ihrer Bahn viele Lymphknoten, in denen Lymphozyten und andere Abwehrzellen laufend versuchen, eingedrungene Fremdkörper zu eliminieren.

Das ist ein äußerst kompliziertes Zusammenspiel von Leukozyten (aus dem Blut), Lymphozyten und den spezifisch gebildeten Antikörpern. Hier spielen auch Thymus und Milz eine sehr wichtige Rolle, wobei die eigentliche Koordination durch die entsprechenden Gehirnzentren mit ihren hormonellen und neutralen Impulsen erfolgt, der wiederum die Psyche als oberste Steuerungskraft vorsteht.

Bei einem intakten Immunsystem hat der Mensch die

seelische und körperliche Kraft, sich sowohl mit Problemen als auch mit Krankheitserregern auseinanderzusetzen. Bleiben seelische Probleme jedoch unbeantwortet im Energiefeld des Menschen bestehen, dann werden sie zwangsläufig auf der körperlichen Ebene als Viren, Bakterien oder Pilze in den Körper eindringen und diesen zum Kampf herausfordern. Jetzt kommt das Fieber, die Entzündung, die Wucherung und schließlich die Auflösung.

Es ist wichtig, sich immer wieder diese seelisch-körperlichen Zusammenhänge vor Augen zu führen, d. h., sie sich bildlich vorzustellen. Ich werde Ihnen viele Rezepte verraten, wie Sie das Immunsystem stimulieren können, aber ohne die Motivation der Psyche wird jede noch so gute körperliche Therapie scheitern *müssen.*

Heute haben fast alle Menschen eine völlig verschlackte Lymphflüssigkeit, und damit sind natürlich auch die einzelnen Lymphknoten in ihrer Entgiftungsfunktion überfordert. Sie vergrößern sich, um die Arbeit noch zu bewältigen, sie neigen zu Entzündungen und schließlich zu Degeneration und Verhärtung.

Genau diese Situation haben wir bei vielen Patienten, bei denen die Rachenmandeln bereits entfernt werden mußten oder bei denen sie nur noch als narbiges Störfeld im Körper verblieben sind. Auch der Appendix (fälschlicherweise Blinddarm genannt) als Lymphorgan des Bauchraumes muß heute oft entfernt werden, da er durch die überstarke Giftbelastung aus dem Verdauungskanal häufig zu Entzündungen neigt, die dann wiederum die umliegenden Organe gefährden. Auch die Milz gehört zu unseren wichtigen Lymph- und Abwehrorganen und hat gleichzeitig eine enge Beziehung zum gesamten Hormonsystem.

Wo fangen wir hier mit einer sinnvollen Therapie an,

um die gesamten Lymphorgane zu entlasten und dadurch wieder in das Abwehrsystem zu integrieren?
In unserer Praxis führen wir als erstes einen Allergietest durch, der mit dem Moragerät nur 60 bis 90 Minuten dauert, völlig schmerzfrei ist, keine Nebenwirkungen erzeugt und auch schon bei Säuglingen durchgeführt werden kann. Bei dieser Untersuchung werden neben allen Nahrungsmitteln auch Umweltgifte, mitgebrachte Körperpflegemittel, das häusliche Trinkwasser, Medikamente – und natürlich allergische Reaktionen auf Pilze getestet. Anschließend bekommt die Patientin oder der Patient spezifische Desensibilisierungstropfen für die tägliche Anwendung und wird zusätzlich einmal pro Woche zur Heilbehandlung mit dem Moragerät bestellt.
Eine sehr gute, preiswerte und tiefgreifende Lymphentschlackung erfährt der Patient durch eine »integrierte« Entschlackungskur, die ambulant (neben der Arbeit) wenigstens drei Wochen lang durchgeführt wird und die dem Körper die Zeit und die Kraft gibt, alte Schlacken zu lösen und auszuscheiden. Während der Kur wird der Darm schonend mittels Colon-Hydrotherapie gereinigt, die Lymphe, die Leber und die Nieren werden unterstützt, bei Bedarf werden Spurenelemente zugeführt, die Ernährung wird individuell auf Schonung eingestellt, die Psyche wird durch Gespräche und Bachblüten gestreichelt, es werden dreimal pro Woche gezielte einstündige Ganzkörpermassagen durchgeführt, die den Lymphfluß anregen, den Darm aktivieren und die Säuren aus dem Körper leiten.

Eine Entschlackungskur unterstützt das Lymphsystem

Zusätzlich bitten wir die Patienten, sich das Schiele-Kreislaufgerät (elektrisch beheizte Fußbadewanne) der Firma Fritz Schiele auszuleihen oder zu kaufen. In dieser

Fußbadewanne werden die Füße bei langsam ansteigender Temperatur täglich 20 Minuten gebadet. Die Zugabe von hochwirksamen, genau auf das jeweilige Lebensalter abgestimmten Spezial-Fußbadezusätzen bewirkt eine starke Ausschwemmung von Stoffwechselschlakken unter gleichzeitiger intensiver Anregung des Kreislaufs. Es ist für die Patienten und mich immer wieder erstaunlich, wie diese zusätzliche »Badekur zu Hause« den Gesamteffekt unserer integrierten Entschlackungskur optimiert und sich das Wohlbefinden der Patienten schon nach wenigen Tagen spürbar bessert.

In unserem irischen Therapiezentrum BEARA CIRCLE führen wir eine erweiterte »Kloster-Kur« durch, die neben der Colonhydrotherapie, gezielten Massagen, Zell- und Aufbaupräparaten auch Meerwasser-Bäder, Eichotherm-Bestrahlungen, Sonne, Diät und psychologische Beratung beinhaltet.

Vor jeder Entschlackung müssen gravierende chronische Herde konservativ oder biologisch ausgeschaltet werden. Es hat absolut keinen Zweck, eine Lymphtherapie einzuleiten, wenn gleichzeitig tote Zähne das gesamte Lymphsystem des Kopfes erschöpfen oder wenn eine chronische Unterleibsentzündung die Ursache für die lymphatische Überlastung darstellt. Dann sind nach der Kur Patient und Therapeut gleichermaßen enttäuscht, der Mißerfolg wird zu Unrecht der Methode angelastet, das Vertrauen des Patienten ist erschöpft, und für die Therapie ist wertvolle Zeit verlorengegangen.

Also immer zuerst eine exakte Diagnose, dann erst eine gezielte Therapie! Und immer viel Liebe und Verständnis für die Patienten, das ist oft die wirkungsvollste Medizin!

Bei jeder Lymphbelastung und ganz besonders bei den

verschiedenen Fasten- und Entschlackungskuren ist die ausreichende tägliche Trinkmenge für den Therapieerfolg entscheidend. Während einer Kur sollten Patienten 2–3 l täglich trinken in Form von Kräutertees, Gemüsebrühen oder eines guten Wassers. Unsere Ernährung enthält ein Überangebot an Natriumverbindungen, die oft »unschmeckbar« als Konservierungsstoffe, Gelierzusätze, Stabilisatoren, Dickungsmittel, Pökel- und Schmelzsalze unseren Nahrungsmitteln zugesetzt werden, ohne daß uns eine Kennzeichnungspflicht auf diese Substanzen aufmerksam macht. Der Körper kann diese einseitigen Natriumverschiebungen oft nicht mehr ausgleichen: Es kommt zu Wasserretentionen, hohem Blutdruck, die Natrium-Kalium-Pumpe der Zellwand wird gestört und das Säure-Basen-Gleichgewicht verschoben.

Deshalb ist es wichtig, täglich ein natriumarmes, allergenfreies, biologisches, energiereiches Wasser zu trinken, wie z. B. das Naturquellwasser aus Königstein, das Volvic-Wasser (in Glasflaschen!) oder das selbst»hergestellte« Wasser aus dem Purolux-Filter.

Zusammenfassung:

Das Lymphsystem – bestehend aus Lymphknoten und Lymphflüssigkeit – spielt bei der Abwehr von Krankheiten sowie bei der Entgiftung und Entschlackung des Körpers eine maßgebliche Rolle. Bei jeder Erkrankung sollte daher im Vorfeld einer Therapie die Funktionsfähigkeit des Lymphsystems überprüft werden. Gegebenenfalls muß dieses zunächst durch Ernährungsumstellung und Massagen entschlackt und aktiviert werden.

Welche Medikamente zur Abwehrsteigerung?

Spurenelemente

Ein wichtiges Kapitel im Immunsystem spielen die Spurenelemente. Das Wissen in Laien- und Fachkreisen über diese lebenswichtigen Bausteine ist leider noch sehr begrenzt. Es gibt erst wenige Forschungsergebnisse und entsprechende Literatur über dieses Fachgebiet, die Angaben und Empfehlungen in diesen Büchern divergieren stark, manchmal widersprechen sie sich sogar. Das zweite Problem entsteht dadurch, daß es erst sehr wenige Hersteller gibt, die sich mit diesem Gebiet befassen und uns die benötigten Substanzen in einer gut resorbierbaren natürlichen Form anbieten.
Ein Mangel an einzelnen oder mehreren Mineralien oder Spurenelementen kann verschiedene Ursachen haben:

1. Unsere Nahrungsmittel werden heute in Großbetrieben gezüchtet, die durch einseitige chemische Düngung ein Optimum an Ertrag erzielen wollen. Wer denkt dabei daran, Gold, Kupfer, Selen, Magnesium usw. zusätzlich zu düngen? Dadurch entsteht über Jahre ein chronischer Mangel einzelner Substanzen im Boden – und damit über die Ernährung in unserem Körper. Die Folgen sind geschwächte Pflanzen, die leicht von Schädlingen befallen werden, und geschwächte Menschen, denen die Abwehr gegen ein-

dringende Krankheitserreger fehlt. Die Pflanzen bekommen als »Hilfe« Insektizide und Pestizide, wir Menschen haben dafür die »Segnung« der Antibiotika. Wollen wir ursächlich helfen, müssen wir uns biologisch richtig ernähren und die bereits entstandenen Mängel durch Substitutionen ausgleichen.

2. Es gibt – leider – viele allopathische Medikamente, die entweder Mineralien und Spurenelemente aus dem Körper ausschwemmen oder ihre Resorption über den Verdauungskanal blockieren (Diuretika, Hormone, Herzmittel, Abführmittel usw.). In solchen Fällen nützt natürlich keine Substitution, sondern hier sollte die Ursache ausgeschaltet werden. Es müssen ehrlich die Vor- und Nachteile von solchen Medikamenten abgewogen werden, da das nachträgliche Ersetzen von wichtigen Stoffen mit erheblichen Risiken verbunden ist. Wer kennt den tatsächlichen Verlust? Wie reagieren andere Spurenelemente auf einseitige Verschiebungen? Nimmt der Körper synthetisch hergestellte Stoffe ebenso an wie die natürlichen Bestandteile in der Nahrung? Wer warnt vor chronischen Spätschäden und erkennt sie rechtzeitig? Welche Laborbestimmungen sind aussagefähig? Wird hier nicht nur das Blut gemessen und der Zustand in der Zelle völlig ignoriert?

Alle, die Medikamente einnehmen, die den Mineral- und Spurenelementhaushalt stören, müssen diese Fragen für sich – oder mit dem Behandler – ehrlich durchsprechen. Jede Substitution ist ein Eingriff in die Natur, denn wir verschieben dadurch das physiologische Gleichgewicht und belasten den Körper mit künstlichen Stoffen. Deshalb muß jede Medikation in diesem

Bereich mit viel Erfahrung und mit möglichst natürlich gewonnenen Substanzen erfolgen.
Ich persönlich lehne die übliche Labordiagnostik bezüglich Mineralien und Spurenelementen ab, da sie mir nur eine Aussage über die augenblickliche Zusammensetzung des Blutes macht. Ich erfahre nichts über den eigentlichen Zustand der Zelle und außerhalb von ihr, und ich kann auch nicht abschätzen, in welchem Umfang die zuletzt eingenommenen Nahrungsmittel das Ergebnis beeinflußt haben. Jeder Laie weiß, daß seine Leberwerte schlechter ausfallen, wenn er am Abend vor der Untersuchung ein opulentes Mahl mit viel Alkohol zu sich genommen hat. Warum sollen diese Verschiebungen nicht auch auf die Mineralien zutreffen? Auf der anderen Seite gibt es auch heute noch Therapeuten, die einer älteren Patientin einen gesunden Calciumspiegel allein aus der Tatsache heraus bescheinigen, daß ihre Blutwerte für dieses Mineral normal oder sogar erhöht erscheinen. Sind diese Werte vielleicht nur deshalb so hoch, weil ein verstärkter Abbau im Knochen erfolgt? Wäre hier nicht die Diagnose mittels EAP oder Kinesiologie wesentlich ehrlicher in der Aussage? Das sind für unser Mykosethema natürlich nur Randfragen, für das Problem der Mineralien und Spurenelemente spielen sie jedoch eine wichtige Rolle.
Viele meiner Mykosepatienten benötigen Zink als Zinkorotat, -aspartat, -gluconat oder in der potenzierten Form als Zincokehl oder Zincum D_4. Auch über Zinksalben und -pasten nimmt der Körper dieses Element sehr gut auf, was besonders bei Kindern die Medikation erleichtert. Der Körper benötigt Zink zum Aufbau vieler seiner Stoffwechselenzyme (über hundert zinkabhängige Kombinationen sind bereits bekannt!), so daß die Substitution mit Zink oft den Schlüssel für

eine ursächliche Heilung liefert. Zinkpasten werden in der Erfahrungsheilkunde seit langem bei Hautproblemen eingesetzt; innerlich eingenommen, unterstützt Zink die Regeneration von Haut- und Schleimhautzellen bei Mykosen sehr effektiv.
Aber auch bei Zuckerfehlregulationen (Diabetes und Hypoglykämie) ist Zink – zusammen mit Chrom – oft das Hauptmedikament, durch dessen Substitution nicht nur der Glucose-Haushalt wieder normal ablaufen kann, sondern auch seine Folgen mit Übersäuerung und/oder Sucht auf Süßes verschwinden – und die dadurch verursachten inneren und äußeren Mykosen plötzlich keine Chance mehr haben.
Auch ein Kupfermangel muß in Betracht gezogen werden, da dieses Mineral eine wichtige entzündungshemmende und blutbildende Rolle spielt und in vielen Enzymen enthalten ist. Es steht in verschiedenen Präparaten zur Verfügung, sollte aber nicht gleichzeitig mit Zink eingenommen werden.
Ein weiteres wichtiges Element im Kampf gegen Abwehrschwäche, Sauerstoffmangel und Schwermetallbelastung ist das Selen. Seine Wirkprinzipien sind inzwischen gut erforscht, und es stehen uns verschiedene gute Präparate zur Verfügung, wobei aber durch Tests erstens die jeweilige persönliche Bioverfügbarkeit gewährleistet sein muß, zweitens möglichst keine Präparate auf Hefebasis (Pilze!) zur Anwendung kommen sollten und drittens auch daran gedacht werden muß, daß bei einer gestörten Darmflora anfänglich nur die Injektionsform vom Körper ausreichend aufgenommen werden kann. Bei allen Resorptionsschwierigkeiten hat es sich bewährt, gleichzeitig mit der substantiellen Form auch eine homöopathische Aufbereitung zu verordnen, um durch die Informationsenergie dem

Körper den notwendigen »Schlüssel« für das fehlende Element zu liefern.
Neue Forschungsergebnisse zeigen, daß Selen im Kampf gegen Herzschäden, gegen Vergiftungen mit Cadmium und Quecksilber, gegen Strahlenschäden und gegen bösartige Tumorbildung mit Erfolg eingesetzt werden kann. Bei den Mykosen machen wir uns besonders seine abwehrsteigernde Wirkung zunutze und kombinieren es dann mit der breiten Palette der anderen besprochenen Präparate. Bei Hautmykosen ist die gleichzeitige Gabe von Vitamin E und Selen besonders wirksam.

Aufgrund falscher Anbauweise enthalten viele Nahrungsmittel nicht genügend Spurenelemente, u. a. Selen

Durch die in Monokulturen gezüchteten Nahrungsmittel leiden heute viele Menschen unter Selenmangel, und wir können diese entstandenen Schäden nicht durch eine Vollwerternährung mit viel Getreide und Fisch ausgleichen. Hier müssen wir substituieren, aber gezielt und mit Vorsicht, da jede Überdosierung wieder zu Schäden führen kann.
Germanium ist in der Lage, Sauerstoff im lebenden Organismus anzureichern und nimmt damit eine Schlüsselstellung in der Therapie von streß- und zivilisationsgeschädigten Patienten ein. Gleichzeitig hilft es dem Körper, genau wie Selen, die heute üblichen Belastungen von Cadmium, Quecksilber, Blei und radioaktiver Strahlung wieder auszuscheiden oder auszugleichen. Organisches Germanium wirkt positiv auf alle Drüsen, besonders auf die Nebenniere und die Schilddrüse, und ist damit in der Lage, eine allgemeine Revitalisierung und Verjüngung zu bewirken. Alle diese Faktoren zeigen uns, daß hier die Abwehr über die Sauerstoffanreicherung, die Entgiftung und die Hormonstimulation in starkem Maße angeregt wird, ohne daß irgendwelche

Nebenwirkungen oder Schäden zu erwarten sind. Viele kennen die positive Wirkung von Ginseng und Knoblauch auf die Abwehr, aber sie wissen nicht, daß ein wichtiger Bestandteil dieser Pflanzen das organische Germanium ist. Auch das Haderheck-Wasser aus Königstein ist sehr reich an Germanium und wird deshalb u. a. gezielt zur Abwehrsteigerung bei Schwerkranken eingesetzt. Auch das heilende »Wunderwasser« der Quelle von Lourdes soll sehr reich an diesem Element sein.

Leider ist es inzwischen schwierig geworden, organisches Germanium als Nahrungsmittelzusatzstoff zu bekommen, da eine falsche negative Pressekampagne den Vertrieb und den Einsatz zur Zeit (fast) lahmgelegt hat. Wer profitiert von solchen Verkaufsverboten, wer verdient an Kranken und boykottiert deshalb wirksame Naturheilmittel?

Auch die gute alte Borsalbe und das 3%ige Borwasser erweisen sich als wichtige Helfer beim Abwehrkampf gegen Mykosen. Innerlich kann Bor, wenn keine andere Medikationsform zur Verfügung steht, kurzfristig auch durch Borwasser dreimal täglich je 5–10 Tropfen in eine Flüssigkeit gegeben, substituiert werden. Oder man verordnet Borax D_4 als Tabletten, die oral eingenommen oder bei Scheidenmykosen vaginal eingeführt werden können. Bormangel verursacht äußere und innere Hautschäden, auf denen sich leicht Mykosen ausbreiten können. Außerdem kennt man bereits die negativen Auswirkungen eines Bormangels auf Gelenke und auf die Östrogensynthese, die sich besonders während der Menopause negativ bemerkbar macht und dann naturwidrig und symptomatisch mit künstlichen Hormonen »behandelt« wird. Pilze siedeln sich leicht und gerne auf entzündeten Gelenken an – und die Medikation mit synthetischen Östrogenen führt zur Abwehrschwäche und damit wiederum zu möglichen Mykosen. Warum ist das noch nicht allgemein bekannt? Vielleicht, weil Bor als ein Grundbaustein unseres Körpers so preiswert ist, daß es als »Medikament« nie interessant werden kann?

Wichtig ist bei jeder Medikation die richtige Relation der einzelnen Substanzen untereinander, ihre Resorptionsfähigkeit und ihre möglichst natürliche Herkunft. Dabei sollten wir nicht nur an Mineralien, Spurenelemente und Vitamine denken, sondern auch – soweit bekannt und verfügbar – die wichtigen Aminosäuren (Eiweißgrundbausteine) in unsere Therapie mit einbauen. Dieses neue Wissensgebiet, die Orthomolekulare Medizin, nimmt in unserer Praxis einen immer breiteren Raum ein, da sie oft erst den eigentlichen Schlüssel zur Heilung liefert. Es würde den Rahmen dieses Buches sprengen, wenn ich näher darauf einginge, zumal die Dosierungen sehr individuell erfolgen müssen und die Bereitstellung der einzelnen Stoffe in Deutschland noch große Schwierigkeiten bereitet. Als Nahrungsmittelzusatzstoffe führen sie ein Schattendasein, da weder ihre Herstellung, ihr Preis noch ihre Anwendung große Gewinne versprechen – aber dieses Spiel kennen wir ja bereits.

Bei dieser beschriebenen Substitutionstherapie dürfen wir nicht vergessen, daß manche Verdauungspassagen so sehr geschwächt sind, daß dort eine Aufnahme unserer verordneten Mittel nicht mehr möglich ist. Ist z. B. der Darm mykotisch stark geschädigt, kann er die dringend benötigten, abwehrsteigernden Substanzen gar nicht aufnehmen, und wir warten vergeblich auf eine Besserung oder Heilung. Hier müssen wir gleichzeitig den Darm sanieren und die wichtigsten Substanzen per Injektion zuführen – falls es diese schon in dieser Zubereitungsform gibt.

Eine wirkungsvolle, natürliche und risikofreie Mineraltherapie steht mit der breiten Palette der homöopathisch aufbereiteten Substanzen zur Verfügung. Die biochemischen Mittel von Dr. Schüssler stehen in vielen Hausapotheken und werden von aufgeschlossenen Laien mit bestem Erfolg eingesetzt. Hier möchte ich den Biochemischen Vereinen in Deutschland mit ihren Vorträgen und der guten Literatur einen herzlichen Dank aussprechen für ihre Aufklärungsarbeit und ihr Engagement für die Volksgesundheit. Dazu möchte ich noch einen wichtigen Hinweis geben: In unserer Zeit mit ihren vielfältigen Umweltgiften muß bei den Schüsslerschen Mitteln die Dosierung oft drastisch erhöht werden, um eine spürbare Wirkung zu erzielen. Da die Mittel jedoch absolut unschädlich und auch relativ preiswert sind, ist diese Erhöhung auf bis zu zehn Tabletten eines Mittels täglich kein Hinderungsgrund für ihre Anwendung.

Dem geschulten Homöopathen steht natürlich eine weit größere Anzahl an abwehrsteigernden Mitteln in den verschiedensten Potenzen und Aufbereitungsarten zur Verfügung. Er betreibt hier weniger eine Substitution, sondern er ermöglicht dem Körper durch diese Therapie, die grobstofflich in der Nahrung angebotenen Elemente überhaupt aufnehmen zu können.

Eine weitere wichtige Aufgabe der Mineralien besteht darin, daß sie das Säure-Basen-Gleichgewicht im Körper aufrechterhalten müssen. Durch den Abbau der Nahrung und durch das gesamte Stoffwechselgeschehen wird im Körper laufend ein Überschuß an Säuren produziert, der dann über Puffersysteme neutralisiert und über die Lungen, den Urin und die Haut ausgeschieden werden muß. Dies ist ein sehr

Eine wichtige Aufgabe der Mineralien ist die Aufrechterhaltung des Säure-Basen-Gleichgewichts

komplexes Geschehen, weil hier nicht nur exogene Faktoren eine Rolle spielen, sondern weil auch endogene hormonelle Veränderungen einen starken Einfluß auf den Säure-Basen-Haushalt ausüben.
Eine Mykose entsteht *immer* auf dem Boden eines gestörten pH-Wertes, sei es nun auf der Haut oder in den inneren Organen. Ich möchte an dieser Stelle nur einen zusätzlichen Hinweis geben auf die engen Beziehungen von Mineralien zum Säure-Basen-Ausgleich und damit zu den Mykosen. Auch hier sind einseitige Verschiebungen durch eine medikamentöse Substitution von Mineralien oder von synthetischen Hormonen oft der Auslöser für eine chronische Mykose, ohne daß diese Zusammenhänge auf den ersten (und zweiten!) Blick zu erkennen sind! Diese »Nebenwirkungen« stehen nicht auf den Beipackzetteln von Antibabypillen, Corticoiden oder Psychopharmaka; das bedeutet aber nicht, daß es sie deswegen nicht gibt! Unkenntnis schützt leider nicht vor Strafen bzw. vor Mykosen!
Die Naturheilkunde kennt zusätzlich die sogenannten Konstitutionstypen: Jeder Mensch braucht zeitweilig oder lebenslang für sein Heilsein eine bestimmte homöopathische Substanz, die ihm erst das Optimum an Lebensenergie ermöglicht. Dieses Mittel gehört bei der Therapie kranker, abwehrgeschwächter Patienten immer als Basismedikament auf das Rezept oder in die erste Injektionsspritze.
Bei meinen Mykosepatienten kommen folgende Konstitutionsmittel sehr häufig vor, die ich – übrigens meistens in der D_{200} – als Injektion, Einreibung (mit dem Ampulleninhalt) oder als Globuli gebe: Tuberculinum, Psorinum, Luesinum, Medorrhinum und Sulfur. Eine dauerhafte, schnelle Mykosebehandlung ohne das momentan angezeigte Konstitutionsmittel kann ich mir

persönlich einfach nicht vorstellen. Übrigens ermittle ich das Mittel und die passende Potenz durch die EAP, nicht nach den Regeln von Hahnemann. Aber ich bin sicher, daß mir dieser große homöopathische Meister verzeiht, daß ich das Repertorisieren durch eine moderne Methode ersetzt habe. Ich habe auch die Dosierung unserer Zeit anpassen müssen, d. h., ich gebe selbst von Hochpotenzen häufigere Gaben und dosiere die Tiefpotenzen, wie schon beschrieben, relativ hoch.

Immunstimulierende Medikamente

Viele unserer Patienten sind so stark geschädigt, daß wir zusätzlich zu den beschriebenen Therapien allgemein aufbauende Medikamente und Behandlungen einsetzen müssen.

Uns steht dafür - zum Glück - eine breite Palette von verschiedenen Präparaten zur Verfügung, von denen ich einige aufführen möchte, ohne damit eine Wertung auszusprechen oder einen Anspruch auf Vollständigkeit zu erheben.

Dieses Buch ist ein Erfahrungsbericht für Praktiker und Patienten, keine Verkaufs- oder Indikationsliste der pharmazeutischen Industrie.

Wichtige Organe für die Abwehr und das Lymphsystem sind Thymus, Milz und Peyer'sche-Plaques. Es gibt verschiedene Organpräparate für ihre Stimulation, wobei ich nur als Anregung die Namen Mulli, Revit Organ und Rebas von Sanum nennen möchte. Gleichzeitig sollte immer das Hormonsystem über die Epiphyse angesprochen werden, wozu uns wiederum verschiedene Präparate zur Verfügung stehen.

Meine Patienten habe ich daran gewöhnt, daß sie bei jeder Behandlung einen ganz individuellen »Cocktail« per Injektion bekommen, da viele orale Mittel bei einer geschädigten Magen-Darm-Passage nicht mehr genügend aufgenommen werden können.

Zu den besprochenen Organpräparaten kommen bei Mykosen natürlich noch die vielfältigen Möglichkeiten einer unspezifischen Abwehrsteigerung, wobei ich an dieser Stelle nur auf zwei Medikamentengruppen eingehen werde, obwohl in meiner täglichen Praxis noch weitere Mittel zur Anwendung kommen.

Die sogenannte Kochsche Molekulartherapie wurde von Prof. Dr. Koch in den Jahren 1920 bis 1967 (ähnlich wie bei Dr. Enderlein) in den USA entwickelt und ist inzwischen auch in Deutschland eingeführt worden. Die fünf verschiedenen Präparate, die uns zur Verfügung stehen, enthalten unterschiedliche Substanzen, die eine Schlüsselfunktion im Zellstoffwechsel und im Energietransport innehaben. Durch ihre gezielte Applikation werden lebenswichtige Reaktionen hervorgerufen und energetische Blockaden gelöst.

Patienten, deren Immunsystem durch starke Antibiotika- und Cortisongaben geschwächt wurde, erhalten mit den Kochschen Mitteln eine Chance, diese Schäden wieder auszugleichen. Heute zeigen sich diese Präparate besonders oft im EAP-Test, da ja auch die radioaktive Strahlung sehr nachhaltig und negativ in unser Immunsystem eingreift.

Radioaktivität allein erzeugt keinen Krebs und keine Mykose, aber durch die dadurch geschwächte Abwehr können Krebs und Mykosen entstehen.

Ich injiziere hauptsächlich die Carbonylgruppen SSR und die Rhodizonsäure-Ampullen, bei Lungenmykosen lasse ich die Präparate zusätzlich abwechselnd alle

zwei Tage mit einem Mikroinhalator inhalieren. *Vor* der Anwendung dieser Mittel sollte sich der Therapeut unbedingt Informationsmaterial schicken lassen oder einen entsprechenden Kurs besuchen, da bei der Injektion und der Diätberatung der Patienten einige wichtige Regeln beachtet werden müssen. Wer ganz unproblematisch - und trotzdem wirkungsvoll - das Immunsystem anregen möchte, sollte die Präparate Elpimed und Elpimed forte der Firma Uzara in seinen Therapieplan einbauen.
Elpimed wird aus Pferdeblut hergestellt, hat, da es frei von Eiweißstoffen ist, keinerlei allergisierende Nebenwirkungen und regt über das vegetative System die gesamte Abwehr mit dem Mesenchym, dem R.R.S. und dem Lymphgewebe an. Blockaden können sich endlich lösen, so daß manche lebenswichtigen Medikamente erst dann im EAP-Test (und damit beim Patienten!) ansprechen, wenn ich gleichzeitig Elpimed verwende.
Eine geübte Therapeutin kann Elpimed dazu benutzen, versteckte Herde durch eine gezielte Provokation zu aktivieren, um sie erkennen und ausleiten zu können.
Zusätzlich zu den eben besprochenen Medikamenten müssen natürlich auch Defizite im Vitaminhaushalt erkannt und ausgeglichen werden, wobei diese anfänglich wegen der gestörten Resorptionsfähigkeit als Injektion gegeben werden sollten.

Bachblüten/Edelsteine/Farben

Dr. Edward Bach war ein erfolgreicher englischer Arzt, der schon vor sechzig Jahren erkannte, daß uns jede körperliche oder seelische Krankheit eine spezifische

Botschaft übermittelt, die uns sagt, wo, wann und wie wir von unserem Lebensweg abgekommen sind. Seine Kernaussage lautet: »Heal Thyself«, »Heile dich selbst.« Als Therapiehilfe hat er uns seine Bachblüten-Auszüge hinterlassen, die aus den Energien von besonderen wildwachsenden Bäumen, Pflanzen und aus Quellwasser hergestellt werden nach einer Methode, die Dr. Bach entwickelt hat und die dem Wesen dieser Substanzen entspricht. Es ist ein Herstellungsverfahren, das nur bedingt etwas mit Homöopathie gemeinsam hat, denn hier werden die Energien mit Hilfe der kosmischen Sonneneinstrahlung übertragen; die weitere Verdünnung erfolgt je nach Patient und Therapeut sehr individuell.

Bei der Verordnung orientieren wir uns nicht – wie sonst üblich – an den körperlichen Symptomen, sondern nur an den auslösenden seelischen Fehlverhalten. Die Einnahme der Bachblüten erleichtert das Erkennen und anschließende Loslassen von falschen Verhaltensmustern, die ursprüngliche Einheit von Seele und Körper wird wieder hergestellt, und Krankheitssymptome können verschwinden, werden überflüssig.

Es gibt 38 verschiedene Einzelmittel, dazu eine Spezialkombination aus fünf Blüten für Erste-Hilfe-Situationen (Nr. 39, Rescue). Die Auszüge können, wie die Praxis immer wieder zeigt, auch sehr gut bei Tieren und kranken Pflanzen eingesetzt werden.

Bachblüten aktivieren und unterstützen die seelischen Selbstheilungskräfte

Ihre Anwendung kann nach gründlicher Einarbeitung auch von Laien durchgeführt werden – Dr. Bach selber träumte davon, daß seine Blüten in jeder Hausapotheke zu finden sein sollten und von jedem Familienmitglied selbständig eingenommen werden würden, um auch kleinste seelische Störungen so schnell wie mög-

lich wieder zu harmonisieren, bevor sie sich möglicherweise als körperliche Krankheit manifestieren.
In meiner Praxis bekommt fast jeder Patient »seine« Bachblüte, wobei ich selten eine Kombination von mehreren Blüten verordne, sondern lieber nur ein Hauptprinzip therapiere und nach ca. zwei Wochen den nächsten Lernschritt mit einer neuen Blüte unterstütze. Ich spreche mit der Patientin sehr eingehend über ihr augenblickliches Problem und bitte sie, bei jeder Einnahme durch die Visualisierung des Konflikts die Wirkung zu verstärken und die Heilung zu beschleunigen.
Es gibt keine spezielle »Mykoseblüte«, es kann sie gar nicht geben. Jeder Energiestau, jeder Konflikt kann Auslöser für eine Pilzerkrankung sein, deshalb kann ich an dieser Stelle auch keine feststehenden Rezepte vermitteln.
Das komplette Bachblüten-Set kann inzwischen auch in Deutschland über eine Apotheke bezogen werden – wesentlich kostengünstiger ist die Beschaffung über England oder über unser irisches Zentrum.
Die Energien von Edelsteinen in Form von Steinen, Ölen oder anderen Aufbereitungen sind eine sehr gute therapeutische Hilfe bei Mykosen und sollten – je nach Erfahrung und Möglichkeit – in jede Behandlung einbezogen werden. Auch Farben aus der Kleidung, der Umgebung, aus Lampen und in Form der Morabehandlung stellen eine zusätzliche Therapiemöglichkeit dar, wobei die Sonne mit ihrem gesamten Spektrum natürlich die intensivste Energie vermittelt. Wir setzen sie in Form des Eichotherm-Bestrahlungsgerätes mit sehr gutem Erfolg bei äußeren Mykosen und zur inneren Entschlackung und allgemeinen Stimulierung ein – empfehlen inzwischen aber auch den wohldosierten Be-

such eines »Sonnenstudios«, besonders in der energiearmen Winterzeit.

Psycotron / Emotional Clearing / Kinesiologie

In unserer Praxis hat die Arbeit mit dem Psycotron-Gerät einen hohen Stellenwert, da durch diese Therapie alte Blockaden, die zu chronischen Krankheiten geführt haben, relativ schnell aufgelöst werden können, was sonst nur in einer langwierigen Psychotherapie möglich ist.
Das Psycotron-Gerät ist in Italien ursprünglich für die Suchtbehandlung (Medikamente, Alkohol und Zigaretten) entwickelt worden, heute setzen wir es bei allen seelischen Blockaden ein, die ja – wie Sie bereits wissen – die eigentlichen Auslöser für jede Krankheit und jede Sucht sind. Bei dieser Methode »arbeitet« der Patient auf geistig-seelischer Ebene, ohne daß alte Bilder, Verhaltensweisen und Ereignisse mühsam ins Tageslicht zurückgeholt werden müssen, wie dies die meisten klassischen Psychotherapien erfordern. Zum besseren Verständnis der Psycotron-Methode möchte ich aus dem Blickwinkel eines Naturheilers in wenigen Sätzen die Funktionen unseres Gehirns, des Bewußtseins und des Unterbewußtseins erläutern, ohne jedoch ins Detail zu gehen und auch ohne Anspruch auf Wissenschaftlichkeit: Unser Großhirn ist in zwei Hälften geteilt, wobei die rechte Seite die linke Körperseite steuert und die linke Seite umgekehrt den rechten Körperteil. Die rechte Gehirnhälfte steuert vorwiegend unsere emotionalen und intuitiven Fähigkeiten, die linke ist für unsere Aktivität und die Logik zuständig; die Ver-

bindung beider Hälften geschieht u. a. über die verschiedenen Regionen des Stammhirns.
Anatomisch und physiologisch stimmt diese Beschreibung, aber da letztendlich alle Organe und alle Tätigkeiten nur aus verdichteter Energie bestehen, sind auch die Aktivitäten unseres Gehirns wesentlich komplexer und komplizierter als hier beschrieben.
Wir wissen noch nicht, wo und wie unser Gedächtnis arbeitet, aber die Erfahrung zeigt, daß alle gespeicherten Ereignisse jederzeit abrufbar sind, daß sie unser Unterbewußtsein lebenslang beeinflussen und so eine Grundursache für Krankheit oder Gesundheit darstellen. Das Gedächtnis speichert nicht nur bewußt wahrgenommene Bilder, sondern auch unbewußt Erlebtes (z. B. in der Narkose einer Operation), schnell ablaufende Bilder (z. B. bei einer Autofahrt oder im Film) und alle Gedanken, die innen entstanden oder von außen zu uns geschickt wurden. Im Gedächtnis sind unsere vergangenen Leben gespeichert, wie uns die vielen Aufzeichnungen von Reinkarnationstherapien beweisen, sowie die neun wichtigen Lebensmonate, die wir im Mutterleib verbrachten.
Mit diesem Wissen wird uns schnell verständlich, daß die aufdeckenden psychologischen Verfahren oft nicht an die eigentliche Ursache von seelisch-körperlichen Störungen herankommen können. Sie beschuldigen Ereignisse in der Vergangenheit, die aber doch wiederum nur die Folge von weit tiefer liegenden Auslösefaktoren sind.
Diese seelischen Imprägnationen steuern unsere Lebensäußerungen, sie beeinflussen unsere bewußten Aktivitäten und die im Unterbewußtsein wirkenden Ängste, Wünsche und Intuitionen. Hier liegen die ei-

gentlichen Wurzeln für Krankheiten, hier entstehen unsere zu lösenden Lebensaufgaben.
Hieraus erklärt sich, warum wir alle ganz individuell vorgezeichnete Wege gehen müssen, warum es keine psychischen Normverhalten geben kann und manche ihr Leben als »schwerer« empfinden als andere. Jede erlöst ihr eigenes Schicksal, jeder hat seinen eigenen Zeitplan, und alle haben nur ihrer eigenen Seele gegenüber eine Verpflichtung.
Wir können auf verschiedene Arten lernen: durch aktives Erleben, durch bewußtes oder unbewußtes Akzeptieren unserer Schatten – oder durch Krankheit.
Das Psycotron-Gerät arbeitet mit ultrafeinen Schwingungen auf der seelisch-geistigen Ebene. Hier löst es alte energetische Blockaden durch körpereigene Feedback-Impulse und durch eingeschwungene passende Naturheilmittel, Farben, Musik oder mentale Programme. Die erfahrene Therapeutin wählt jeweils das passende Medium für den einzelnen Patienten, der selber durch Elektroden mit dem Gerät verbunden ist und in entspannter Haltung »arbeiten läßt«. Ich weiß, daß es in dieser nüchternen Beschreibung unglaubwürdig klingt – aber es wirkt, und das ist in der Naturheilkunde das einzige Kriterium!

Mit Hilfe des Psycotron-Geräts werden alte energetische Blockaden gelöst

Wir können vieles noch nicht messen und nicht beweisen, aber bedeutet diese Tatsache automatisch die Nichtexistenz von Ursachen und Wirkungen? Kann man Psi-Effekte wissenschaftlich erklären? Gibt es schon Beweise für ein Leben nach dem Tode?
Für Mykosepatienten erschließt die Psycotron-Behandlung völlig neue Möglichkeiten:
Zum einen können sie endlich alte seelische Blockaden lösen, um so den ungehinderten Energiestrom zu allen

Körperteilen wieder herzustellen. Diese Energieblockaden sind ja eine Grundursache für die Infektion mit Pilzen, seien es nun sichtbare Organmykosen oder ultrafeine Endobiontenveränderungen im Blut und in der Lymphe. Zum anderen kann der Therapeut durch gezielte Heilschwingungen in Form von Homöopathika, Bachblüten und speziellen »Mykoseampullen« das endgültige Ausheilen beschleunigen – ja oft überhaupt erst ermöglichen.
Neben dieser Therapie haben sich bei uns in den letzten Jahren die Methode des Emotional Clearings (EMC) und die Kinesiologie sehr gut bewährt. Beide Behandlungen arbeiten ohne Gerät ausschließlich auf der psychischen Ebene und bewirken oft schon innerhalb weniger Stunden erstaunliche Veränderungen.
Jede Epoche hat »ihre« Krankheiten, d. h. »ihre« Lernprozesse zu bewältigen, aber für jede Zeit gibt es auch die passenden Heilungsmöglichkeiten – wir müssen sie nur (er)finden und dann den Mut haben, sie auch anzuwenden.
Jetzt, zu Beginn des Wassermannzeitalters, fangen wir an, uns mit den Potentialen der Seele, den ultrafeinen Schwingungen und den Strahlungsenergien der Atomspaltung auseinanderzusetzen. Die Medizintechnik bedient sich bereits dieser Methode (Röntgen, Ultraschall, Laser usw.), die Wirtschaft experimentiert ebenfalls mit diesen neuen Energien (AKW), und die Psi-Forschung beschäftigt sich mit den unsichtbaren Strahlungen unseres Seelenkörpers.
Die Gefahren dieser vielen neuen Techniken liegen in unserer Unfähigkeit, die künstlich erzeugten Energiemanipulationen völlig zu verstehen und zu beherrschen. Wir sind der Zauberlehrling, der die Geister, die er rief, nicht mehr eindämmen kann.

Auch die Psycotron-Therapie, das EMC und die Kinesiologie erfordern ein erweitertes physikalisches Grundwissen, das über die Erkenntnisse Einsteins hinausgeht und neben der 4. Ebene der Zeit ebenso die 5. und 6. Dimension mit einschließt. Der Therapeut selber ist ein wichtiges Medium während der Behandlung, er bestimmt die Auswahl und die Anzahl der zugeschalteten Medikamente, er formuliert die Programmsätze und motiviert abschließend die Patientin, die veränderten Seelenzustände ins tägliche Leben zu integrieren. Vielen (Mykose-)Patienten bieten diese Therapien endlich die nötige Hilfe an, eine selbständige ursächliche Heilung zu erzielen.

Zusammenfassung:

Bei der Mykosebehandlung ist die Versorgung mit Spurenelementen, insbesondere Zink, Chrom, Bor, Selen, Kupfer und Germanium, wichtig, da hier oft ein Mangel besteht. Daneben wird das Immunsystem durch spezielle, individuell auf den Patienten abgestimmte Präparate unterstützt. Bei der Beseitigung energetischer und seelischer Blockaden, die der Heilung im Weg stehen, haben sich u. a. die Bachblüten und das Psycotron-Gerät bewährt.

Welche psychischen Ursachen führen zu Mykosen?

Das Gesetz der Polarität

Der Mensch ist eine Einheit aus Seele, Geist und Körper, wobei die Seele (= Psyche) dabei den wichtigsten Teil darstellt und deshalb ursächlich für die Entstehung aller Krankheiten verantwortlich ist. Hier gibt es absolut keine Ausnahme, auch wenn man das für seine eigene Krankheit oft nicht akzeptieren will oder kann. Man sieht ja den Splitter im Auge des Nächsten immer deutlicher als den Balken im eigenen, und das ist auch der Grund, warum wir unser Gegenüber als Spiegel benötigen, um uns selber besser sehen zu können.

Ich glaube, daß wir auf diese Welt kommen, um unsere Seele weiterzuentwickeln. Alle Religionen lehren letztendlich das gleiche, alle wollen dem Menschen helfen, wieder zu seinem Ursprung, zum Schöpfer zurückzukehren.

Gott ist die alleinige Einheit. Wir Menschen leben in der Zweiheit, also in der Polarität, wir suchen lebenslang unsere zweite Hälfte, um dadurch wieder »heil« zu werden und die Polarität damit zu erlösen.

In der irdischen Welt hat alles zwei Seiten:

Mann – Frau
hell – dunkel
Tag – Nacht
warm – kalt

Einatmen – Ausatmen
Yang – Yin

Diese beiden Seiten bedingen einander, die eine kann ohne die andere nicht existieren, das Zusammenschmelzen dieser beiden Pole stellt die erstrebte Einheit dar.
Wir Menschen haben uns angewöhnt, diese entgegengesetzten Prinzipien zu werten, ihnen einen festgelegten Stellenwert zu geben. Aber wer bestimmt, daß die eine Seite wertvoller oder erstrebenswerter als die andere ist? Wer erhebt hier menschliche Normen plötzlich zu Gesetzen, nach denen sich alle zu richten haben? Wer erklärt, daß das Gesetz der Polarität nicht existiert, daß es nur wichtig ist, die »gute« Seite zu vergrößern und den »schlechten« Gegenpol zu ignorieren oder zu unterdrücken? Solche Forderungen verstoßen gegen die Naturgesetze, deshalb müssen sie zwangsläufig in die Irre, in die Trennung von Gott und von der Natur führen.
Heute ist Gesundheit etwas Gutes und Kranksein etwas Schlechtes. Warum? Weil man als Kranke nicht am Arbeitsprozeß teilnehmen kann? Oder weil man sich während so einer Zwangspause vielleicht zu viel mit sich und seinen seelischen Bedürfnissen befaßt? Oder weil Krankheit mit Tod verbunden ist und dieser in unserer Kultur als etwas Schlimmes, Negatives betrachtet wird?
Tod und Leben sind gleichwertige Pole, die Geburt in dieser Welt bedeutet den Tod auf der »anderen« Seite, ebenso wie wir nur durch den Tod wieder zu unserem Ursprung zurückkehren können.
Was ist an diesen Tatsachen so unverständlich, warum werden bei so vielen Menschen heute die Lebensfreude

und die Lebensenergie durch eine überdimensionale Todesfurcht blockiert?
Der Tod als Ende unseres irdischen Lebens ist eine Tatsache, die für alle von uns zutrifft. Der Zeitpunkt dieses Todes untersteht anderen Gesetzen, auf die wir nur einen bescheidenen Einfluß haben. Aber ich treffe während meiner Arbeit immer wieder auf Menschen, die zwar einerseits eine übergroße Angst vor dem Tod haben, andererseits aber alles Mögliche (und Unmögliche) versuchen, um sich mit negativen Gedanken, schlechter Nahrung, wenig Ruhepausen und vielen Drogen und Medikamenten vorzeitig umzubringen. Wo ist da die Logik?
Es gibt noch unzählige weitere Beispiele für unsere falsche Wertung von Polaritäten. Warum ist Arbeiten besser als Nichtstun? Warum hat das Männliche einen anderen Stellenwert als das Weibliche? Warum soll man Freunde lieben, wenn Feinde nur gehaßt werden dürfen?
Unsere Seele sucht die Einheit, sucht die Vereinigung der jeweils gegensätzlichen Prinzipien. Dies ist ein Prozeß auf der geistigen Ebene, es ist ein Wahrnehmen und Integrieren der beiden Seiten, der beiden Möglichkeiten. Ein Mann muß sich bei diesem Lernschritt nicht in eine Frau verwandeln (oder umgekehrt), aber er muß ohne Wertung in sich und für sich das Weibliche akzeptieren, anstatt es zu verdrängen. Ein Asthmatiker muß lernen, daß nicht nur das Einatmen (Nehmen, Festhalten) zum Leben gehört, sondern daß dies nur zusammen mit dem Ausatmen (Geben, Loslassen) möglich ist.
Der Psychologe C. G. Jung nennt diese verdrängten Dinge unsere »Schatten«. Der Schatten kommt nur aus uns, wir bedingen ihn, wir schaffen ihn. Aber die Um-

welt mit ihren Normen und ihren Gesetzen fördert natürlich diese Schattenbildung, und wir alle müssen, um wieder heil und ganz zu werden, diese einseitigen Wertungen als Irrlehre erkennen lernen und uns wieder von ihr trennen.

Wichtig: Gegensätzliches nicht verdrängen, sondern integrieren!

Wenn ein kleines Kind beim Versteckspiel die Augen schließt, um sich unsichtbar zu machen, lachen wir über diese primitive Geste. Aber wenn ein Erwachsener für sich den Tod, die Sexualität oder sein Gegengeschlecht ängstlich ablehnt oder ignoriert, dürfen wir über diesen Irrglauben nicht mehr leichtfertig lachen, sondern müssen diesem Menschen helfen, seine verleugneten Schatten zu erkennen und anschließend zu integrieren.

Jede von uns kämpft mit unterschiedlichen Verdrängungen, jede hat ihre eigenen Strategien, jeder sucht sich andere Verbündete in Form von Weltanschauungen, gesellschaftlichen Normen und religiösen Glaubensgemeinschaften.

Je mächtiger ein Schatten zu unserer Mitte strebt, um so mehr Energien müssen wir zu seiner Verdrängung einsetzen. Diese Energien gehen uns zwangsläufig auf der Gegenseite verloren, dieser Kräfteverlust wirkt sich auf den gesamten Menschen aus – auf unsere Seele, unseren Geist und unseren Körper.

Und Mykosen können nur dann entstehen, wenn ein Organ und seine Funktion über längere Zeit verdrängt und ignoriert wurden, wenn seelische Blockaden zu körperlichen Schwächen geführt haben.

Die Organsprache

Die Seele hört zum Glück nie auf, zu Einheit und Harmonie zu streben, und sie teilt uns ihre Absichten auf der körperlichen Ebene mit; sie bedient sich dazu der Körper- und Organsprache.
So wie wir eine Fremdsprache lernen, um die Menschen in einem anderen Land verstehen zu können, so möchte ich Ihnen im folgenden einige »Vokabeln«, einige Übersetzungen aus der Seelensprache erklären, damit Sie die Absichten und Wünsche Ihrer eigenen Seele schneller und leichter verstehen können.
Stellen Sie sich vor, Sie wären ohne Englischkenntnisse in London und suchten ein gutes, preiswertes Hotel. Entweder dauert die Suche sehr lange, oder Sie finden überhaupt kein Hotel, so daß Sie zum Schluß resigniert in einer schlechten Pension landen. Warum haben Sie nicht vorher die Sprache gelernt oder sich einen Dolmetscher gesucht?
Eine identische Situation entsteht, wenn Sie die Sprache Ihrer Seele nicht gelernt haben und dann mühselig durch Krankheit und Energieverlust endlich zu einem Ziel gelangen, das nicht Ihren Möglichkeiten und deshalb auch nicht dem Niveau Ihrer Wünsche entspricht.
Ich weiß nicht, warum diese wichtige Fremdsprache nicht in jeder Schule gelehrt wird. Sie ist einfach zu lernen: Sie besteht aus so vielen Vokabeln, wie es verschiedene Organe gibt. Jedes Organ bedeutet ein seelisches Prinzip, wobei die Deutung = Übersetzung immer sehr vorsichtig und subjektiv auf den jeweiligen Gesamtmenschen abgestimmt werden muß.
Zusätzlich gibt es wichtige »Vorsilben«, die für die Übersetzung ganz prinzipielle Hinweise geben. Es ist

z. B. nicht das gleiche, ob ein Organ durch eine Entzündung, Wucherung oder Degeneration auffällt. Es ist ein wesentlicher Unterschied, ob der Körper durch Viren, Bakterien oder durch Pilze angegriffen und womöglich besiegt wird. Auch das Lebensalter spielt für die Übersetzung der Organsprache eine wichtige Rolle.
Es ist mir nicht möglich, das Prinzip der Mykosen isoliert darzustellen. Ich kann es Ihnen nur dann verständlich erklären, wenn Sie das gesamte Prinzip der Krankwerdung verstanden haben.
Ich werde täglich in der Praxis nach Rezepten gegen einzelne Organstörungen gefragt, und viele Leser haben in diesem Buch sicherlich Ähnliches erwartet. Natürlich behandle ich auch Symptome, und ich habe Ihnen bereits in den vorangegangenen Kapiteln eine breite Palette von Therapiemöglichkeiten angeboten.
Aber damit darf die Behandlung weder für Sie noch für mich beendet sein! Damit fängt sie an! Absolut gleichzeitig muß sich der Patient oder die Patientin mit dem Prinzip seiner bzw. ihrer Störung auseinandersetzen und für sich erkennen, daß sich hier eine seelische Störung im Körperlichen manifestiert hat.
Die Erkenntnis ist – wie das Sprichwort sagt – der erste Schritt zur Besserung. Was ist aber nun der zweite Schritt zur Heilung? Daß man das Gelernte in sein Leben einbringt, daß man seine inneren Einstellungen und seine äußeren Verhaltensweisen ändert.
Dann ist die Projektion auf das Organische nicht mehr nötig, dann kann eine Krankheit sogar ganz ohne Medikamente verschwinden. Alle naturheilkundlichen Mittel haben in ihrem Wirkungsradius diese psychische Komponente sehr stark betont, bei den allopathischen synthetischen Medikamenten suchen wir sie vergebens. Ihre Erfinder und Produzenten wissen offenbar

nichts von diesen geistigen Prinzipien, sie wollen Symptome zum Verschwinden bringen und bezeichnen das dann als »Heilung«.

Die Heilpflanzen zeigen oft schon in ihrer Namensgebung den Hinweis auf ihren Wirkungskreis, auf ihre Beziehung zu den verschiedenen Organen: Das universelle Augenmittel Euphrasia heißt zu deutsch Augentrost. Eines der besten Mittel bei Gelenkbeschwerden, das Symphytum, hat den deutschen Namen Beinwell; und wenn uns »zum Brechen übel« ist, nehmen wir natürlich die Brechnuß: Nux vomica. Wir rezeptieren diese Pflanze gleichzeitig aber auch als Konstitutionsmittel für Menschen, denen jeder Streß sofort auf den Magen schlägt.

Der Wirkungskreis naturheilkundlicher Medikamente umfaßt auch die psychische Komponente

Die Natur heilt ganzheitlich, nicht symptomatisch, wir müssen ihre Gesetze endlich wieder entdecken.

Wer als betroffener Patient nach Hilfe sucht, sollte der Therapeutin sehr genau seine Wünsche und Ziele angeben: Will er schnell und ohne eigene Leistung seine organischen Leiden verlieren, oder will er durch diese Krankheit neue Erkenntnisse in sein Leben integrieren?

Es gibt auf Dauer keinen Kompromiß: Die Seele strebt nach Vervollkommnung, sie bleibt nicht auf halbem Weg stehen, sondern geht den Lehr- und Lernweg weiter, auch wenn er zu einem qualvollen Siechtum oder zum vorzeitigen Tode führt.

Ich möchte nochmals das geistige Gesetz der Krankwerdung aufzeigen: Die Seele möchte sich weiterentwickeln, sie möchte heiler werden, sie möchte ihre bis jetzt verdrängten Schatten integrieren.

Sie hat für ihren Weg einen genauen Zeitplan, der den einzelnen Lebensabschnitten entspricht und der auch wieder gewissen Gesetzmäßigkeiten gehorcht. Es ist deshalb für uns wichtig, bei der Übersetzung der Organsprache zu fragen, wann die Symptome zum ersten Mal auftraten und ob sie bereits gewaltsam mit Medikamenten unterdrückt worden sind.

Wir müssen aber auch zu hinterfragen versuchen, ob bestimmte Lebensaufgaben in dem für sie optimalen Alter vielleicht nicht gelebt, d. h. bereits damals verdrängt worden sind. Es ist immer wesentlich einfacher, die geforderten Entwicklungsstufen zur »richtigen« Zeit zu lernen, als sich zu früh oder zu spät damit auseinanderzusetzen.

Die Lebenszeit des Menschen kann man psychologisch, anatomisch und auch astrologisch in einzelne Abschnitte von je sieben Jahren einteilen. Jede Altersgruppe hat ganz bestimmte Aufgaben zu bewältigen, und sie bekommt dazu alle nötigen Hilfen aus dem Körper, dem Geist und der Seele. Diese notwendigen Wandlungen sollten möglichst konform und ohne gegenseitige Behinderung durchlaufen und nicht gewaltsam von außen manipuliert werden.

Wer als Kleinkind nicht genügend spielen durfte, wer als Siebzehnjährige schon in einer eheähnlichen Beziehung lebt, wird als Erwachsene dann plötzlich versuchen, diese verlorenen Lebensphasen nachzuholen.

Hat er oder sie den Mut, sie auszuleben, ist das Problem »erlöst«. Manchmal genügt es auch, einen Mangel zu erkennen, ihn gefühlsmäßig zu erspüren und ihn dann ganz bewußt auf einer anderen Ebene transformiert zu leben, zu integrieren.

Immer dann, wenn diese Möglichkeiten der Entwicklung nicht genutzt wurden, versucht die Seele, die Aufgabe auf der körperlichen Ebene deutlich zu machen.

Versteht man diese Organsprache, kann man die geforderten Schritte gehen und die Aufgabe lösen.
Hier wird ein Schüler nie – wie in der weltlichen Schule – von der gestellten Aufgabe überfordert. Jeder bekommt, was er zur Zeit braucht und was er auch verkraften kann.

Über den Körper gibt die Seele wichtige Signale

Deshalb nützt es nichts, zum Nachbarn zu schielen und diesen in seinem Lebensrhythmus zu kopieren. Auch das Anlehnen an eine Gruppe oder eine Gesellschaftsform birgt die große Gefahr, daß man seinen eigenen Weg dabei verpaßt. Die typischen Ausreden gelten nicht: Der andere raucht doch auch so viel, die andere nimmt doch auch die Pille, der andere liebt doch auch nur sein Geld ...
Die andere geht ganz sicher einen »anderen« Weg, der andere wird auch »andere« Krankheiten als Wegweiser bekommen.
Oft suchen wir uns für unsere Schatten einen Menschen als Spiegel. Dann fangen wir an, dieses Bild, das uns da gegenübersteht, entweder zu verstehen, zu verändern oder zu zerstören. Wenn wir über den anderen lernen, die Aufgabe zu erkennen und als Ergänzung zu integrieren, dann haben wir das Prinzip verstanden, dann löst sich dieser eigene Schatten auf.
In Zukunft werden dort keine unnötigen Energien mehr gebunden, wir haben die Kraft und den Mut, uns mit der nächsten Aufgabe auseinanderzusetzen.
Wir finden diese erlösten Menschen manchmal als geistige Führer oder in einer harmonischen Paarbeziehung, wo jeder den anderen so liebt, respektiert und beläßt, wie dieser gerade sein möchte, und wo jeder in sich selber bereits die nicht gelebten Seiten so weit in-

tegriert hat, daß er auch ohne den anderen als selbständiger, heiler Mensch lebensfähig ist.
Will man beim Gegenüber jedoch die »negativen« Seiten – die es beim polaren Denken aber nicht gibt! – verändern, weil man Angst hat, sie sich dauernd ansehen zu müssen, dann wird einem dieser Spiegel nichts nützen, dann wird man versuchen, ihn zu verlassen und gegen einen anderen einzutauschen. Aber es wird der gleiche sein, oft noch etwas extremer in seiner Spiegelfunktion!
Wenn man schneller, ehrlicher und leichter lernen möchte, sollte man bei jeder Kritik am anderen, bei jeder Ablehnung, bei jedem Änderungsversuch sofort bei sich selber nachsehen, welchen Schatten man da mal wieder mit Vehemenz bekämpft!
Es ist scheinbar einfacher, jahrelange Kämpfe gegen bestimmte Eigenschaften des Partners zu führen, anstatt sie für sich selber zu akzeptieren. Aber es ist schade um die vergeudete Energie, die verlorene Zeit und die dadurch verpaßte Harmonie mit sich und dem anderen!
Wollen wir einem Menschen wirklich helfen, müssen wir einige Regeln beachten, die natürlich keinen Anspruch auf Vollständigkeit erheben, sondern nur meinem augenblicklichen Erfahrungsstand entsprechen.

1. Warten, bis wir um Hilfe gebeten werden, also keine »Zwangsbeglückung«.
2. Den seelischen, geistigen und körperlichen Zustand der oder des Hilfesuchenden berücksichtigen, also sie oder ihn weder unter- noch überfordern.
3. Nicht erwarten, daß unsere Hilfe angenommen wird, also keinen Erfolgszwang aufbauen.
4. Zeit spielt eine untergeordnete Rolle, also Geduld üben.

5. Neutral bleiben, also keine eigenen Schatten in die Therapie einbringen.
6. Keinen Dank erwarten, also nicht die Erfüllung der Aufgabe in den Vordergrund stellen.
7. Dem Patienten klarmachen, daß Heilung nicht »billiger« sein kann als Krankwerden, also muß er bereit sein, Zeit, Geld und Selbstverantwortung einzusetzen.

Das Schöne bei diesen beschriebenen Erkenntnissen ist, daß wir alle – ausnahmslos – im gleichen Boot sitzen. Wir sind alle Lernende, wir brauchen alle die gleiche göttliche Liebe und Geduld, wir sind alle abhängig von der Hilfe unseres Nächsten, sei er nun Lehrer, Spiegel, Schüler – oder ganz einfach unsere Freundin!
Haben wir eine Aufgabe, eine Seite einer Polarität nicht erkannt oder ängstlich als Schatten verdrängt, wird sie sich als Energiestau, als Krankheit im Körper zeigen. Jetzt müssen wir plötzlich hinschauen, jetzt müssen wir uns auf der materiellen Ebene damit auseinandersetzen.
Was machen wir, wenn wir etwas nicht sehen wollen? Wir bekommen Sehstörungen. Ganz kurzsichtig sehen wir uns nur selber, oder wir verlieren unsere Persönlichkeit in der Weitsichtigkeit. Oder wollen wir gar nichts mehr sehen und lassen durch eine Linsentrübung diesen Wunsch manifestieren? Was für eine Rolle spielen hier eine Brille, eine Operation? Es sind Krükken, die unsere körperlichen Mängel korrigieren, die aber auf Dauer nicht ausreichen werden, das Prinzip des Nicht-hinsehen-Wollens zu verstehen.
Warum haben so viele Kinder entzündete Ohren? Sträubt sich hier die Seele gegen zu viele Gebote und Verbote, oder hat diese Störung auch etwas mit

»Gehor«sam (Gehör) zu tun? Später im Alter gibt es kein Aufbäumen, keine Entzündung mehr, dann geht die Hörfähigkeit »lautlos« zurück, der Mensch will nicht mehr zuhören, nicht mehr lernen.
Was sagt der Volksmund über die Nase? »Ich habe die Nase voll.« »Ich kann den anderen nicht riechen.« Also gibt es keine Ausrede mehr, daß der Schnupfen durch kalte Füße entsteht, daß er durch Viren ausgelöst wird, daß es für ihn eine allergische Ursache gibt? Nein! Zwar hat man für die Organstörung auf diese Weise den Auslöser, den Schuldigen gefunden, aber die seelische Bereitschaft für eine Krankheit wird dadurch nicht erklärt, sie hat ihre Ursache in den nicht gelebten Prinzipien, in den unterdrückten Wünschen und in den gestauten Aggressionen.
Was würde passieren, wenn eine Sekretärin ihrem Chef sagte, daß sie »die Nase voll« habe und deshalb zwei Tage zu Hause bleiben wolle? So was tut man nicht! Aber wenn diese Sekretärin am nächsten Morgen völlig verschnupft im Büro anruft, daß sie wegen einer Erkältung »leider« nicht kommen könne, ist alles in Ordnung, und der Chef wünscht ihr gute Besserung.
Ob die betroffene Patientin weiß, warum sie krank geworden ist? Hätte ihr eine klärende Aussprache das Kranksein erspart? Oder brauchte sie diese Zwangspause für ihre persönliche Entwicklung?
Wir haben uns daran gewöhnt, die Krankheit als Alibi zu benutzen. Aber sollten wir nicht langsam den Mut haben, ehrlich unsere Wünsche zu äußern? Es geht!
Meine Kinder konnten während ihrer letzten Schuljahre (vorher kannte ich diese Gesetze leider nicht!) immer dann zu Hause bleiben, wenn sie absolut keine Lust für den Unterricht verspürten. Ergebnis: Sie waren

nicht mehr organisch krank und haben von dieser »Freiheit« erstaunlich wenig Gebrauch gemacht.
Woher kommen Halsschmerzen? Wollen wir etwas nicht schlucken, oder betrifft diese Behinderung das Aussprechen von geheimen Wünschen? Hier nützen auf Dauer keine Mandeloperationen und auch keine Antibiotika, sondern nur das Erkennen der eigentlichen seelischen Ursache.
Der ganze Verdauungstrakt spiegelt die Aufnahme, die Zerlegung und die Integration der Dinge, die uns durch Worte, Gedrucktes und Gedachtes angeboten werden. Zerkleinern wir diese Gedanken genügend, verdauen wir sie, nehmen wir das Passende davon in uns auf und geben das Unverdauliche und Überflüssige wieder bereitwillig ab?
In diesem Organkomplex zeigen sich besonders viele falsche Verhaltensmuster und unterdrückte Prinzipien. Schon die vielen Sprichwörter machen deutlich, daß diese Zusammenhänge längst erkannt wurden: »Da kann einer den Mund nicht voll genug bekommen.« »Das Problem liegt ihm wie ein Stein im Magen.« »Man kann eine Beleidigung nicht verdauen« oder »ärgert sich ein Loch in den Bauch«.

Die Krankheitsgruppen

Entzündung

Ich möchte mit dem Prinzip der Entzündung beginnen, da wir ihm am häufigsten begegnen und es am einfachsten zu verstehen ist. Jede Entzündung ist ein Kampf des Körpers gegen Erreger oder Toxine, seien sie nun von außen eingedrungen oder im Innern entstanden. Es ist ein Kampf um Leben und Tod für beide Seiten: Siegen die Erreger, stirbt der Patient, zeigt sich die körpereigene Abwehr als Sieger, bedeutet es den Tod für die Angreifer.

Bei einer intakten Abwehr »bekämpft« der Körper jeden Eindringling mit allen verfügbaren Waffen: Im Blut und der Lymphe vermehren sich die Lymphozyten und Leukozyten, Antikörper werden gebildet, der Stoffwechsel wird angeregt, und das Fieber wird als Waffe eingesetzt.

Diesem Kampf geht immer ein nicht gelebter seelischer Konflikt voraus, für den man jedoch zu feige, zu faul, zu untrainiert oder durch Drogen gehemmt war.

Auf der körperlichen Ebene wird jetzt eine neue Chance geboten, den geforderten Kampf nachzuholen und sich dem Problem zu stellen. Die Entzündung zeigt an, daß hier ein verdrängtes Prinzip gewaltsam nach einer Lösung sucht, das betroffene Organ weist den Weg zur Deutung.

Findet der Kampf auf der Haut statt? Will hier jemand aus seiner Haut heraus? Oder tobt der Kampf in den Gelenken der Beine, weil sich ihr Besitzer weigert, auf seinem Lebensweg weiterzugehen oder dessen Richtung zu verändern?

Es nützt leider nichts, wie ein Vogel-Strauß den Kopf in den Sand zu stecken und die Problemlösung einem Antibiotikum zu überlassen. Hier heißt es, persönlich zu kämpfen auf beiden Ebenen: Dem Erreger wird eine aktive Abwehr in Form eines starken Lebenswillens entgegengestellt, der ursächliche Konflikt wird mit den gleichen geistigen Waffen gelöst und als emotionale Erfahrung integriert.

Auf diese Weise entstehen für zukünftige ähnliche Si-

tuationen die organischen Antikörper und die psychischen Verhaltensmuster. Beides wird gespeichert und kann in der Zukunft ohne Zeitverlust und ohne neuerlichen Energieaufwand eingesetzt werden.
Es gibt aber auch Kämpfe, die unentschieden enden, die in chronische Krankheiten führen. Dann herrscht nur ein oberflächlicher Frieden, der durch jede kleine Zusatzbelastung und Kräfteverschiebung wieder neu aufflackert und der durch die dauernde Kampfbedrohung viel unnötige Energie verbraucht.
Hier greift die Naturheilkunde oft mit Nosoden ein und aktiviert eine Situation, um sie endlich zu einer Entscheidung zu zwingen. Die anfängliche Verschlimmerung des körperlichen und seelischen Zustandes ist vom Therapeuten als sichtbare Heilreaktion gewollt. Vom Patienten wird sie leider oft nicht akzeptiert; er bleibt lieber chronisch labil und geschwächt, als sich einmal der aktiven Herausforderung zu stellen.
Hier dürfen wir nicht drängen und nicht überfordern. Hier müssen wir versuchen, durch kleine Lernschritte die seelische Labilität und die körperliche Abwehrschwäche wieder zu stärken. Hier helfen auf der einen Seite das Gespräch, das Psycotron, die Bachblüten – und auf der anderen Seite z. B. eine Aufbaukur mit Thymus, Vitaminen, den Kochschen Mitteln usw.

Autoaggression

Bei einer Entzündung spielen besonders Viren und Bakterien die auslösende Rolle, aber auch krankhaft veränderte körpereigene Zellen können zum Feind erklärt und mit allen Mitteln der Abwehr angegriffen werden. Hier sprechen wir von einer Autoaggressionskrankheit, von einer Störung, bei der der Mensch sich nicht mehr liebt, nicht mehr als Ganzes erkennt und deshalb einzelne Organe zu zerstören versucht. Wir rechnen diese Krankheit zur Allergie, nur sucht man hier den »Feind« nicht draußen, sondern erklärt sich selber zum Feind. Die seelische Situation ist leicht zu verstehen: Hier kämpft eine Person gegen eigene ungeliebte und unakzeptierte Eigenschaften, die sorgsam verdrängt wurden und nun in einem Rheuma oder einer chronischen Darmentzündung gelebt werden. Wieviel Leid kann hier durch die Sichtbarmachung der Zusammenhänge und der Prinzipien vermieden oder beendet werden, wieviel unnötige falsche Medikamente müssen dann nicht mehr eingenommen und vom Körper wieder ausgeschieden werden!

Allergie

Immer wenn wir in unserem Leben Aggressionen gewaltsam unterdrücken, werden diese Energien ein anderes Ventil suchen, wird die Seele auf anderen Ebenen einen Ausgleich zu finden versuchen.
Die wahre Ursache jeder Allergie ist die gestaute Aggression, die verschiedenen Allergene haben eine zweitrangige Bedeutung in diesem Krankheitsprozeß – und der Kampfplatz, d. h. das betroffene Organ, kommt in der Wertung an letzter Stelle.
Bei der Deutung müssen wir nun alle drei Komponenten berücksichtigen: Warum überhaupt Aggression? Warum wird in der Erziehung die Anpassung mit Liebe belohnt und die Individualität mit Isolation bestraft? Warum werden die gesellschaftlichen Regeln von Schwachen für Unterdrückte gemacht? Wo und wie

kann man seine Sensibilität verstecken? Ist die Allergie die einzige Möglichkeit, um angepaßt und friedlich leben zu können?
Sind Ihnen diese Fragen zu provokativ? Dann äußern Sie sich bitte mit einem Brief oder etwas Ähnlichem, aber nicht mit einer allergischen Reaktion!
Ein Allergiker sucht sich als Krankheitsauslöser nicht irgendeinen x-beliebigen Stoff, sondern sein Feindbild hat immer eine enge Beziehung zu seinem Problem. Alle Pollen, alle Samen stehen für Fruchtbarkeit und Sexualität, Nahrungsallergien haben etwas mit seelischer Verdauung zu tun, psychische Sauberkeitsfanatiker wählen die Hausstauballergie, und wer sich gegen Umweltgifte und Medikamente in Form einer Allergie wehrt, sollte sicher auch seine innere Einstellung diesen Problemen gegenüber einmal überprüfen.
Heute ist die Anzahl der behandlungsbedürftigen Allergiker ins Uferlose gestiegen, da unsere Lebensumstände nicht mehr mit unseren eigentlichen Seelenzielen übereinstimmen. Dies ist ein so wichtiges medizinisches und psychologisches Problem geworden, daß ich ihm ein eigenes Buch gewidmet habe, in dem ich näher auf Ursachen und Therapien eingegangen bin.

Das seelische Prinzip des Krebses

Heute haben viele Menschen – auch Ärzte – Angst davor, an Krebs zu erkranken. Sie fühlen sich dieser Krankheit gegenüber hilflos, weil sie ihre Prinzipien und ihre Lerninhalte nicht verstehen und deshalb immer noch vergeblich nach auslösenden Viren, begünstigenden äußeren Faktoren und sicher wirkenden Me-

dikamenten suchen. Wer bis hierher aufmerksam gelesen hat, weiß, daß alle diese Versuche scheitern müssen – und ja auch bis jetzt gescheitert sind.
Bei den Vorsorgeuntersuchungen wird bereits nach einem bestehenden Tumor gesucht. Warum gibt es statt dessen keine Vorbeugebehandlungen mit aufklärenden Gesprächen und zusätzlichen abwehrsteigernden Mitteln? Die Antworten sind einfach und grausam zugleich:

1. Die Krankenkassen bezahlen immer nur dann, wenn eine Krankheit bereits ausgebrochen ist; da wird bei Krebs keine Ausnahme gemacht!
2. Viele Therapeuten haben sich selber noch nicht mit den seelischen Ursachen für Krebs auseinandergesetzt und können daher auch keine vorbeugende Aufklärungsarbeit leisten.

Selbst bei ganzheitlich denkenden Behandlern wird auch heute noch das Hauptgewicht auf die körperliche Therapie mit Aufbaupräparaten, gesunder Vollwerternährung und geopathischer Sanierung gelegt, ohne den Betroffenen gleichzeitig die auslösenden Ursachen und die geistigen Heilungswege aufzuzeigen.
Ich kenne Menschen, die lustlos ihre Körner futtern, deren Bettplatz frei von schädlichen Strahlen ist – und die trotzdem »ihren« Krebs bekommen. Andere, die glücklich durchs Leben »schlampern«, werden dagegen ohne große körperliche Gebrechen uralt. Ist das nicht ungerecht?
Stellen Sie sich vor, Sie würden etwas riskant und zu schnell mit Ihrem Auto auf der rechten (richtigen) Straßenseite fahren – oder Sie würden sich völlig korrekt auf der linken (falschen) Fahrbahn bewegen. Was

ist gefährlicher? Sich innerhalb der Lebensregeln frei zu bewegen oder unaufgeklärt sittsam auf der falschen Seite zu beharren? Gibt es ein Gesetz, das uns bei Unkenntnis vor Strafe schützt? Nein, weder in der materiellen noch in der immateriellen Welt!

Krebs ist eine Krankheit unserer Zeit, sie entspricht uns, sie zeigt uns unseren Spiegel, sie ist unsere letzte Chance, endlich aufzuwachen. Ein Tumor ist wie ein Mensch, der sich von der Einheit der Schöpfung losgesagt hat, der nur noch egoistisch seinen eigenen Vorteil zu verwirklichen sucht. Was kümmert ihn die verseuchte Erde - Hauptsache, sein Profit stimmt. Was soll das Gerede um die Atomkraftwerke - Hauptsache, seine vielen elektrischen Geräte werden versorgt. Warum sollte er synthetische Medikamente meiden - Hauptsache, die Symptome werden damit schnell zum Verschwinden gebracht ...

Die Krebszelle verhält sich ebenso. Sie mag sich nicht mehr dem Gesamtorganismus unterordnen, sie möchte ganz egoistisch nur wachsen, sich ausdehnen, den eigenen Wirt unterjochen. Weiß die Krebszelle nicht, daß ihr endgültiger Sieg gleichzeitig ihre Todesstunde ist? Weiß es der Mensch? Es gibt unzählige Parallelen zwischen einem Krebsgeschwür und uns Menschen, deshalb brauchen wir diese Krankheit für unsere seelische Heilung, um von ihr zu lernen, daß wir nur ein kleiner Teil der Schöpfung sind und daß wir uns nicht ungestraft gegen die göttlichen Gesetze stellen dürfen. Wir sollten den Krebs weder mit Stahl, Strahlen oder Chemotherapie noch mit Naturkost, Zelltherapie und Rutengängern bekämpfen! Wir müssen ihn verstehen und als strengen Lehrer akzeptieren, dann werden wir ihn überwinden, weil wir ihn nicht mehr brauchen.

Wenn ich morgens in den Spiegel schaue und mir mein

Gesicht wegen der durchfeierten Nacht nicht gefällt, dann werde ich bestimmt nicht schöner oder wacher, wenn ich jetzt den bösen Spiegel zerschlage. Der Spiegel war nötig, damit ich meine Fehler erkennen und sie bei der nächsten Gelegenheit vermeiden kann.
Der Krebs ist dringend notwendig, um jeden einzelnen und die Menschheit in ihrer Gesamtheit wachzurütteln, bevor unsere Wirtin Erde an uns zugrunde geht. Das einzige ehrliche Rezept gegen Krebs heißt Liebe, heißt geben: sich selbst lieben - und die anderen, sich selbst etwas geben - und den anderen.
Das körperliche Symbol für diese Form der Liebe ist das Herz, deshalb ist es das einzige Organ, das nicht an Krebs erkrankt.
Ausgehend von den vorangestellten Deutungsbildern zeigt uns der Krebs eine andere Symbolik als die einer Entzündung oder einer Allergie. Die beiden letztgenannten Krankheiten befassen sich mit Kampf, hier wird konzentrierte Aufmerksamkeit sehr zwingend mit Schmerz und Fieber zu einem bestimmten Lernprozeß geführt. Erkennen wir die Aufgabe und erlösen sie in einer uns adäquaten Form, heilt die Entzündung oder die Allergie ab, und der Weg für neue Lebensaufgaben ist frei.
Wie viele Menschen verharren in ihrer Krankheit, weil sie Angst davor haben, altgewohnte Dinge zu ändern oder abzulegen! Lieber bleiben sie krank, energielos und ängstlich in einer überholten Situation stecken, als daß sie sich aufmachen, die Schätze ihrer eigenen schlummernden Eigenschaften zu heben. Lieber lenken sie diese Energien gegen ihren Körper, als daß sie sie als gelebte Liebe nach außen strahlen.
Wenn dieser Zustand sehr lange anhält, resigniert die Seele, der Energiefluß wird verändert, das betroffene

Organ löst sich aus dem Gesamtverband und versucht, das nicht gelebte Prinzip in einer Art Überkompensation zu erlösen. Die Zellen wuchern ohne Rücksicht auf den Organismus hemmungslos bis zur Erschöpfung ihrer Wirtin. Die einzige Chance, diese Anarchie wieder zu beenden, besteht darin, das bis dahin nicht erkannte Prinzip endlich zu sehen und danach zu leben. Deshalb besteht die einzig mögliche Krebsvorsorge in einer seelischen Harmonie und in einem frühzeitigen Erkennen und Deuten von krankhaften Störungen.
Wer über lange Zeit seelische Brocken herunterschluckt und dadurch jahrelang unter Magenschleimhautentzündungen gelitten hat, ohne seine Einstellung gegenüber diesen unverdaulichen Stoffen zu verändern, dem nimmt die Seele dann irgendwann die »Arbeit«, d. h. die Problemlösung ab. Das nicht gelebte Prinzip drängt zur Eigenlösung: Die wuchernden Zellen der Magenwand machen bald jede Verdauung unmöglich – die seelische Unfähigkeit zum Wachstum hat sich auf der organischen Seite materialisiert: Der Schatten ist erlöst. Aber zu welchem Preis!

Welche seelische Situation führt zur Degeneration?

Die Zellen des Körpers passen sich laufend den geforderten Aufgaben an. Ein nicht benutzter Muskel verkümmert langsam, sei es nun im Herzen, in den Beinen, im Darm usw. Auch ein Sinnesorgan oder eine Drüse stellen ihre Leistung immer auf den benötigten Bedarf ab.
Der Motor für alle seelisch-körperlichen Prozesse ist

die umfließende Energie, die wir aus dem Kosmos, der Erde und aus der Nahrung bekommen. Steht uns nur wenig Energie zur Verfügung – egal aus welchen Gründen –, können nur die wichtigsten Zentren und Organe damit versorgt werden, der Rest verkümmert, degeneriert. In dieser Situation nützt es natürlich nichts, einzelne Symptome zu behandeln, ohne das allgemeine Energiedefizit zu beheben.

Ich kann hier keine detaillierten Rezepte vermitteln, sondern nur die Aufmerksamkeit auf die kausalen Zusammenhänge leiten. Was können die besten Medikamente für den Herzmuskel ausrichten, wenn das Herz organisch zu wenig Sauerstoff erhält und seelisch von seiner Liebesfunktion abgeschnitten worden ist? Solche Therapien können nur kurzfristig Symptome beheben, eine dauerhafte Besserung würde allen Regeln der Psychosomatik widersprechen.

Der lebenswichtige Energiefluß wird immer dann gedrosselt, wenn ein Organ oder ein ganzes Organsystem spiegelbildlich die seelische Situation reproduziert und damit die Aufmerksamkeit der Betroffenen auf sich zieht: Ohne lebendige Liebe, ohne gelebte Emotionen wird jedes Herz auf Dauer degenerieren; es wird so hart, daß es eines Tages sogar durch einen Infarkt »brechen« kann.

Eine Wirbelsäule, die sich durch seelische Erstarrung nicht mehr im Gleichklang mit den Stürmen des Lebens biegen kann, wird zuerst schmerzen und später zu einer Säule versteifen. Hier können mechanische Massagen, entspannende Badekuren oder regenerierende Injektionen immer nur kurzfristig Erleichterung schaffen. Aber wenn der Patient gleichzeitig das ursächliche Problem erkennt und bearbeitet, dann wird der Energiestrom wieder durch den Wirbelkanal geleitet, dann ist eine echte Regeneration möglich, dann hat die Seele über den Umweg des Organs ihre Lektion lernen können.

Das seelische Prinzip der Mykosen

Schreitet eine Degeneration fort, werden sich immer mehr Zellen auflösen, wird der Energie-, Blut-, Nerven- und Hormonstrom zu diesem Organ immer weiter gedrosselt. Jetzt finden die Pilze ihr optimales Terrain, jetzt besiedeln sie die absterbenden Zellen und benutzen sie als Wirt und Nahrungsquelle.
Bei den Mykosen ist eine dauerhafte Ausheilung lediglich auf der körperlichen Ebene nicht möglich, hier müssen Therapeutin und Patientin alle Seiten berücksichtigen und in das Behandlungskonzept einbeziehen. Es gibt Grundfragen, die *vor* jeder Behandlung beantwortet werden müssen: Welche seelische Fehlhaltung hat die Mykose entstehen lassen? Welche äußeren Umstände unterstützen den Prozeß? Welche Verhaltensänderungen kann man der Patientin zumuten, entsprechen ihrem Entwicklungsstand?
Wird diese letzte Frage nicht berücksichtigt, entsteht leicht eine Überforderung des Patienten, oder er verweigert von Anfang an seine Mitarbeit (Compliance). Es geht ja nicht darum, als Heiler seine Prinzipien am »Patientengut« auszuprobieren oder durchzusetzen; das Ziel jeder Therapie sollte eine individuelle Bewußtseinsveränderung und ein allgemeines Öffnen für neue Denkweisen sein.
Die Mykosen in ihrer heutigen starken Verbreitung stellen uns in der Naturheilkunde und der Psychologie

vor neue Aufgaben bezüglich Therapie und psychosomatische Deutungen.
Wer bekommt Pilze? Wann bekommt man Pilze? Wo bekommt man Pilze? Wie bekommt man Pilze?
In der Natur wachsen Pilze vorwiegend auf abgestorbenem organischem Material. Deshalb bevorzugen sie auch im menschlichen Organismus energetisch abgestorbenes, krankes Gewebe als Wirt.
Wann degeneriert ein Organ, wann entzieht die seelische Steuerung einem Zellverband den ungehinderten Energiefluß? Immer dann, wenn die »Geduld« der Seele erschöpft ist, wenn alle ihre Forderungen nach Wachstum und Veränderung ungehört geblieben sind und wenn auch chronische Entzündungen nicht beantwortet, sondern nur mit chemischen Mitteln unterdrückt worden sind.
Das trifft auf alle Organe gleichermaßen zu: Das Gehirn ist ebenso betroffen wie die Lunge, die Gelenke ebenso wie die Nieren, die Haut der Füße ebenso wie die Netzhaut im Innern des Auges.
Da hat jemand jahrelang die Nase und die Nebenhöhlen »voll«, weil ihr oder ihm vielleicht die Arbeit »stinkt« und weil sie oder er den Chef »nicht mehr riechen« kann. Wie oft, wie ehrlich und wie intensiv hat man sich mit diesem Problem auseinandergesetzt? War es überhaupt bewußt? Hatte man Angst vor den Konsequenzen einer Konfrontation, einer Kündigung, einer Umschulung? Hatte man versucht, die Situation objektiv zu beurteilen und die Plus- und Minuspunkte einander ehrlich gegenüberzustellen?
Ich spreche oft mit Patienten, die sich – wie mit Scheuklappen – immer nur einen Teilaspekt ihres Problems ansehen und dadurch weder eine ehrliche Beurteilung noch eine vernünftige Lösung finden können.

Eine negative Lebenseinstellung kostet den Körper, den Geist und die Seele unnötige Energien, die verbrennen, ohne daß daraus etwas Positives geschaffen wird. Man kennt die zwei Menschentypen: Der eine hat glücklich ein halb*volles* Glas vor sich stehen, der andere betrachtet traurig sein halb*leeres* Glas.
Die Lebensumstände, die wir uns täglich schaffen und in die wir gestellt worden sind, sind Teil unseres seelischen Reifungsprozesses. Schwierige Situationen zielen auf zwei Lösungsmöglichkeiten: Entweder man zerbricht daran, indem man in Krankheit und Tod flüchtet, oder man erstarkt durch diese Herausforderung, man nimmt den Kampf auf und geht als gesunde Siegerin hervor. Voraussetzungen sind eine starke Abwehr auf allen drei Ebenen, ein intaktes Selbstwertgefühl und ein gut gepflegter Körper.
Dann können Aufgaben ehrlich gelöst werden, dann kann man – auf unser Beispiel bezogen – mutig mit dem Chef sprechen oder kündigen oder die Minuspunkte als fairen Preis für die Pluspunkte akzeptieren. Jede dieser Lösungen ist eine positive Entscheidung, die die Nase von ihrer Aufgabe befreit, dauernd durch ihre chronische Entzündung auf diese seelische Fehlhaltung hinweisen zu müssen.

Jede Krankheit ist ein Wegweiser zur Lösung verdrängter seelischer Probleme

Aber was passiert, wenn aus der aktiven Entzündung eine passive Degeneration wird? Wenn die Seele ihren Kampf aufgibt oder wenn durch chemische Medikamente diese Heilungsversuche immer wieder unterdrückt worden sind? Dann erscheinen die Pilze als Lehrer und als Ersatz für eine Aufgabe.
Chronisch verdrängte Lernprozesse erzwingen diese Situation, die sehr viel Ähnlichkeit mit der Krebserkrankung zeigt und für die es deshalb auch ähnliche

Therapieformen gibt. Ein spezifisches »Heilmittel« für diese beiden Krankheiten – zu denen ich persönlich auch AIDS zähle – gibt es nicht, kann es nicht geben! So ein Allheilmittel würde alle Naturgesetze auf den Kopf stellen, würde die Lehre der Polarität und das Gesetz von Ursache und Wirkung für ungültig erklären.
Alle Krankheiten, und ganz besonders die eben angesprochenen »modernen« Geißeln der Menschheit, können nur besiegt werden, wenn unsere Therapie im Einklang mit den Lebensgesetzen steht. Wenn bei einer Behandlung immer alle drei Ebenen angesprochen werden und wenn der Patient zu einer ganzheitlichen Heilung bereit ist.
Es ist oft nur ein kleiner Schritt von einer chronischen, antibiotisch unterdrückten Bronchitis zu einer therapieresistenten Mykose der Lunge. Die Lunge bedeutet in der Organsprache die Kommunikation von innen und außen, sie hat eine enge Beziehung zum Sprechen, zum Aussprechen von persönlichen Wünschen und Erwartungen. Wer hier mit chronischen Entzündungen und zuletzt mit einer Degeneration und einer Mykose reagiert, unterdrückt das Artikulieren seiner seelischen Bedürfnisse – auch sich selber gegenüber.
Warum? Hat sie Angst, wichtige Zuwendungen zu verlieren, wenn sie plötzlich eigene Wünsche und Erwartungen zugibt? Meint er, die Umwelt müsse seine Gedanken erahnen und eine Erfüllung derselben sei doch selbstverständlich? Vielleicht dürfen seine Mitmenschen auf diese geheimen Gedanken gar nicht reagieren, weil ihm dann wichtige Lernprozesse vorenthalten würden?
Es sind *nie* die anderen »schuld«, wenn man krank wird oder sich unglücklich fühlt! Es ist immer nur die eigene Lebensangst und Feigheit, die den Menschen von der

positiven, erweiternden Sicht des Daseins fernhält und ihn nicht am Heilsein und Glück teilnehmen läßt.
In der Therapie erbitte ich in solcher Situation vom Patienten eine schriftliche Aufstellung der möglichen Folgen einer offenen Aussprache. Was kann im schlimmsten Fall passieren? Daß seine Wünsche abgelehnt werden? Aber da sie ja vorher auch nicht erfüllt wurden, ist hier erstens keine Verschlechterung des Zustandes eingetreten, zweitens hat man gelernt, daß eine Aussprache überhaupt möglich ist, und drittens verstehen die Mitmenschen jetzt besser, warum man oft so traurig, enttäuscht oder aggressiv reagiert. Beide beteiligten Seiten können offen nach einer gemeinsamen Lösung suchen, die aus der Krankheit zur Heilung führt.
Bei Problemlösungen wird oft die Vergangenheit, die soziale Situation, das Karma usw. als auslösende Ursache identifiziert. Bei jedem Patienten lassen sich solche zurückliegenden Faktoren finden. Aber wir leben hier und jetzt! Wir dürfen uns die Auslöser anschauen, um die heutige Situation besser zu verstehen. Aber wir dürfen sie *nie* als Alibi verwenden, um uns heute vor einer Lösung zu drücken. Alte »Fehler« (die es in dieser Wortschöpfung nicht gibt!) können nicht ausgelöscht werden, sie bleiben als Erfahrung in unserem Gedächtnis eingraviert, sei dies nun in Form einer aktiv abrufbaren oder einer unbewußten unterdrückten Erinnerung. Eine Form ist hier nicht besser als die andere, aber die Erkenntnisse und Rückschlüsse daraus sind leichter zu verstehen, wenn die alte Situation noch lebendig erkannt und nachvollzogen werden kann.
Ist dies nicht möglich, genügt es oft, den augenblicklich geforderten Lernprozeß allein über die Organsprache zu erkennen. Man bedient sich dabei des reichen

Schatzes von überliefertem altem Wissen, man deutet nach empirischen psychologischen Regeln, die jeweils der Patientensituation angepaßt werden.

Meist will man für seine eigenen Probleme »Sondergesetze«, um sich nicht mit dem sorgsam verdrängten Schatten auseinandersetzen zu müssen. Dann »verhandeln« die Patienten regelrecht mit mir und wollen mich überzeugen, daß bei ihnen keine seelischen Fehlverhalten vorliegen können, daß sie wirklich ausschließlich durch eine Erkältung, eine Ansteckung, eine geopathische Reizzone oder durch falsche Ernährung krank geworden seien.

Besonders Menschen, die selber als Therapeuten arbeiten, sind oft Meister in der Argumentation und in der Verdrängung. Aber »zum Glück« bleibt ihnen ja dann auch die Krankheit als Ausweg, als Problemlösung!

Ich möchte noch einmal ganz speziell das Thema Mykosen ansprechen: Die These ihrer seelischen Entsprechung, die ich hier veröffentliche, habe ich zwar noch nirgendwo gelesen, aber ich habe ihre Richtigkeit an sehr vielen Patienten bestätigt gefunden.

Ihre Kurzfassung lautet: Mykosen eines bestimmten Organs zeigen an, daß hier seelische Lernprozesse nicht akzeptiert, nicht bewältigt worden sind. Sie wurden so lange durch allopathische Mittel unterdrückt, bis für eine aktive Auseinandersetzung die Energien völlig erschöpft waren und das Organ sich in die Degeneration »zurückzog«. Das anschließende Eindringen der Pilze signalisiert, daß das Problem auf der körperlichen Ebene erfaßt wird, daß es sich dadurch neuerlich ins Bewußtsein drängt und auf eine der Persönlichkeit angemessene Erlösung hofft.

Auch dieses Krankheitsprinzip entspricht – wie der Krebs – sehr genau unserer Zeit und unserer Lebensein-

stellung. Es schleicht sich leise und oft unerkannt in unseren Körper, es erfordert zu seiner Erkennung im seelischen und körperlichen Bereich eine besondere Sensibilität und ein spezielles Wissen um die psychischen und physischen Auslöser.
Eine gute Schule, die ich auch besuchen durfte, ist eine persönlich durchgemachte und ausgeheilte Mykose. Dadurch habe ich die Prinzipien erkennen und die möglichen Therapien herausfiltern können. Natürlich nicht nur an mir selbst, sondern erweiternd an einer großen Zahl von Patientinnen und Patienten, die durch meine Affinität zu Pilzen den Weg in meine Praxis gefunden haben. Hier wirken besondere »Gesetze«, die besagen, daß man immer *den* Heiler oder *den* Kranken bekommt, den man in der augenblicklichen Situation benötigt. Aber es steht jedem frei, diese Hilfen anzunehmen oder abzulehnen.
Dies gilt auch für dieses Buch.

Zusammenfassung:

Unser Unvermögen, Gegensätzliches gleichberechtigt nebeneinander dulden zu können, führt dazu, daß wir alles positiv oder negativ werten. Das gilt vor allem für Gesundheit und Krankheit. Letztere soll nur möglichst schnell verschwinden, jedoch birgt jede Krankheit eine seelische Komponente, die beachtet werden muß, um eine dauerhafte Heilung zu gewährleisten. In der Regel sind Krankheiten ganz konkrete Signale der Seele, eine Aufforderung, sich weiterzuentwickeln bzw. bestehende Probleme oder Blockaden zu lösen. Deshalb ist es wichtig, diese Signale richtig zu deuten und als Wegweiser zu verstehen.

Fallstudien

Alle im folgenden geschilderten Fälle kommen aus meiner Praxis. Da die betroffenen Patienten sicher auch zu meinem Leserkreis gehören werden und ich sie weder bloßstellen noch durch kritische Deutung ihrer seelischen Krankheitsursachen überfordern möchte, habe ich die einzelnen Fälle leicht verändert und die typischen Symptome hervorgehoben.

Im Alltag der Praxis kommen die Patienten mit vielfältigen Symptomen und oft mehrschichtigen Krankheitsbildern. Die schulmedizinische Diagnose, die ihnen bereits vorauseilt, deckt meist nur einen kleinen Teil ihrer Beschwerden ab – oder ist ganz einfach falsch.

Eine Fehldiagnose entsteht sehr häufig, wenn allopathische Medikamente Nebenwirkungen hervorbringen, die dann sehr leichtfertig als eigenständige Krankheiten diagnostiziert und behandelt werden. Es ist erschreckend, welcher Leidensweg durch die Einnahme einer einzigen chemischen Substanz vorprogrammiert werden kann; die erzeugte »Krankheit« wird dann oft völlig isoliert gesehen und wieder mit neuen Mitteln bekämpft.

Manchmal kann ich dann nur aufgrund der zur Zeit eingenommenen Medikamente den zeitlichen Ablauf der verschiedenen Symptome nachvollziehen: Zuerst wurde während einer familiären Streßsituation ein Schilddrüsenhormon verordnet, um die notwendige Überfunktion der Schilddrüse chemisch zu dämpfen. Danach folgen meist Herz- und Kreislaufpräparate, oder das Hormonsystem wird weiter irritiert mit Betablockern und anderen Psychopharmaka. Langsam mag die Leber nicht mehr entgiften, der Darm leidet unter der vegetativen Dämpfung, der Sex macht keinen Spaß mehr, und die blockierte Abwehr läßt immer häufiger einen grippalen Infekt entstehen. Jetzt gibt es zusätzlich zum Schilddrüsenhormon, dem Herzmittel und dem Betablocker natürlich Antibiotika, die die Darmflora zerstören und das gesamte Immunsystem weiter schwächen. Was kommt als nächste »Krankheit«? Ein Nierenleiden wegen der vielen ausscheidungspflichtigen Substanzen? Ein chronisches Leberleiden aus dem gleichen Grund? Eine hartnäckige Bronchitis als Ausleitungskrankheit für die blockierten Giftstoffe? Oder reagiert der Körper jetzt allergisch auf eine oder mehrere Chemikalien?

Ich wünschte, diese Schilderung stammte aus einem Science-fiction-Roman und nicht aus den traurigen Erfahrungen der täglichen Praxis.

Mit diesem Problem ist jeder Naturheiler konfrontiert; er muß in diesem Sammelsurium von Symptomen den eigentlichen Auslöser suchen, und er muß gleichzeitig mit dem Reduzieren der chemischen Mittel die Selbstheilungskräfte des Körpers anregen und unterstützen – soweit dies noch möglich ist. Ich wiederhole meinen Satz: Die Natur heilt, was *ge*stört ist, sie kann nicht mehr helfen, wenn etwas *zer*stört ist.

Oft steht am Ende dieses Leidensweges dann die Mykose mit ihren eigenen neuen Symptomen und ihren eigenen seelischen und körperlichen Gesetzen.

Deshalb versuche ich, bei meinen Fallbeschreibungen nur auf diese typischen Erscheinungen und Veränderungen speziell bei Mykosen einzugehen, um die Patienten nicht zu verwirren und um den Therapeuten ein deutlicheres Bild aufzuzeigen.

Enteromykose eines Säuglings

Der im folgenden geschilderte Fall ist sehr typisch für viele meiner kleinen Patienten: M. ist ein Mädchen von vier Monaten. Die körperliche und geistige Entwicklung entspricht ihrem Alter, seelisch wird sie von aufgeschlossenen, naturverbundenen Eltern geliebt und umsorgt. Diese kommen in meine Praxis, weil M. immer wieder unter heftigen Blähungen mit damit verbundenen starken Schmerzen leidet. Während solcher Attacken muß die Mutter das Kind stundenlang tragen, klopfen und beruhigen, die Kleine windet sich vor Schmerzen, verweigert die Nahrung und fällt zwischendurch für kurze Zeit in einen erschöpften Schlaf. Der Stuhlgang ist während dieser Phasen etwas weicher und geruchlich verändert, es besteht kein Fieber, die Hautspannung ist normal.
Die Mutter hat zuerst versucht, mit Fenchel- und anderen Spezialtees die Blähungen zu beseitigen. Der anschließend konsultierte Kinderarzt hat – ohne den Stuhl zu besichtigen oder zu untersuchen – eine »Heilnahrung« verordnet; vorher bekam das Kind eine altersgemäße Vollwert-Kindernahrung. Diese Nahrungsumstellung hat die Krankheitssymptome so sehr verschlimmert, daß die Eltern einen dringenden Termin von mir erbaten.

Die EAP, die mit einigen Tricks auch schon bei so kleinen Patienten angewendet werden kann, ergab sehr schnell und sehr eindeutig einen Pilzbefall des Verdauungstraktes. Aus diesem Grund war natürlich die Verordnung einer »Heilnahrung« absolut kontraindiziert, da diese hauptsächlich aus Kohlenhydraten besteht und somit dem Ideal einer ausgesprochenen »Hefepilznahrung« entspricht.

Zwangsläufig verstärkten sich die Symptome von Blähungen und Schmerzen, denn diese Pilze vergären die Kohlenhydrate, es entstehen Alkohol, Gase und eine schmerzhafte Entzündung der Darmschleimhaut. Die Gase blähen den Magen und die Därme auf, die dann einerseits sehr schmerzhaft auf die nahe liegenden Nerven drücken und andererseits das Herz und die Atmung behindern. Der Alkohol belastet die Leber, die ihn zusammen mit den im Darm gebildeten Fäulnisgiften abbauen und ausscheiden muß. Die Pilze verdrängen langsam die gesunde Darmflora, die angebotene Nahrung wird nicht mehr ausgenutzt, es entstehen Mängel, und diese wiederum bewirken eine allgemeine Abwehrschwäche als verstärkende Ursache für einen neuerlichen Pilzbefall. Damit ist der Teufelskreis endlich geschlossen!

Nun muß die Darmflora wieder aufgebaut werden: Bei Säuglingen hat sich Symbioflor I oder Perenterol sehr gut bewährt. Die Kapseln von Perenterol können direkt in den Mund oder in das Fläschchen gegeben werden, Symbioflor kann mit der Nahrung vermischt oder allein vor dem Füttern gegeben werden, um eine sichere Aufnahme auch bei schlechten Essern zu gewährleisten.

Gleichzeitig muß für einige Tage eine kohlenhydratarme Nahrung gegeben werden, evtl. nur abgekochte und durchpassierte Möhren mit etwas Pflanzenöl und Salz, zu denen dann aufbauend wieder Vorzugsmilch und Vollwertprodukte gegeben werden. Absolut verboten sind Fertignahrungen und alle Nahrungsmittel, auf die eine Allergie besteht, wobei nicht nur an Milch, Getreide und Obst, sondern auch an das oft stark allergisierende Trinkwasser gedacht werden muß.

Wird das Kind noch gestillt, entsteht nur sehr selten eine innere Mykose durch eine aufsteigende Windeldermatitis, eine Ansteckung bei der Mutter, oder durch eine Allergie auf Muttermilch und die durch sie aufgenommenen Schadstoffe wie z. B. Kaffee, Nikotin, Zitrusfrüchte, Medikamente usw. Hier wird das Stillen auf alle Fälle beibehalten, die ausgetesteten Medikamente gibt man direkt in den Mund oder in etwas ungesüßtem Tee. (Bitte auch keinen Honig, Frucht- oder Milchzucker verwenden!) Die Mutter meidet so konsequent wie möglich alle Schadstoffe und auch alle eigenen Nahrungsmittelallergene, in diesem Fall immer Kuhmilch und häufig auch Getreide.

Es muß versucht werden, die spezifischen Pilze zu finden und diese dann in der potenzierten Form einreiben oder einnehmen zu lassen. Bei einer Darmmykose kann mit dem Moragerät aus dem Stuhl eine spezifische Nosode hergestellt und davon täglich 1 Tropfen gegeben werden.

In dem von mir geschilderten Fall sprachen beim EAP-Test sehr deutlich Albicansan D5 (Candida albicans) und zusätzlich Perenterol und die Utilin-Einreibung an. Der Mineralhaushalt war bei dieser kleinen Patientin noch in Ordnung, aber er sollte bei länger bestehenden Darmerkrankungen immer kontrolliert werden, nicht nur bei Säuglingen (und nicht nur bei Mykosen!). Bei Darmmykosen fehlt oft Zink; Calcium car-

bonicum ist häufig das Konstitutionsmittel, aber auch Bor als Tropfen und äußerlich als Salbe hilft bei der Regeneration der inneren und äußeren Haut.
Wenn ich kleine Kinder mit der EAP-Methode austeste, gebe ich die Handelektrode der Mutter und dem Baby zusammen in die Hand und teste die Punkte des Fußes; bei geduldigen Patienten kann ich vorsichtig auch die Handpunkte messen. Mein Meßgriffel hat dafür eine besonders breite Spitze, durch die schmerzhafte Punktirritationen vermieden werden.
Bei diesem Verfahren erfasse ich natürlich auch die Meßwerte der Mutter, aber die Eigenwerte des Kindes zeigen sich trotzdem sehr deutlich. Diese Methode erspart in der Praxis viel unnötigen Schrecken wie Blutabnahme, Röntgen und andere Diagnoseverfahren. Sie ist sehr sicher in ihrer Aussage, und durch die ausgetestete Therapie wird relativ schnell eine Heilung erreicht. Auch bei Babys bitte nie die Bachblüten vergessen! Auch sie leiden schon unter unerkannten seelischen Traumen.
Prinzipiell vermeide ich Injektionen bei Kindern. Alle homöopathischen Präparate können eingenommen oder eingerieben werden, wobei die Einnahme auf nüchternen Magen eine viertel Stunde vor den Mahlzeiten erfolgen soll und die Einreibungen einmal pro Tag in die Ellenbeuge, um den Bauchnabel oder in das betroffene Lymphgebiet durchgeführt werden. Da viele unserer flüssigen oralen Medikamente einen hohen Prozentsatz Alkohol enthalten, weiche ich bei kleinen Kindern immer auf die entsprechenden Ampullen, Tabletten oder Globuli aus, zumal der aus Korn oder Kartoffeln gebrannte Alkohol natürlich bei einer entsprechenden Allergie sowieso absolut kontraindiziert wäre.

Hautmykose eines Kleinkindes

Der kleine D. ist ein aufgeweckter, normalgewichtiger Junge, den die Eltern - nach vergeblichen Therapieversuchen in einer Uniklinik - in meine Praxis brachten, da sein »Ekzem« von Tag zu Tag schlimmer wurde. Bei seinem ersten Besuch bedeckte es schon fast den ganzen Körper, war natürlich an vielen Stellen aufgekratzt, superinfiziert, zum Teil nässend, zum Teil spröde trocken.
Der kleine Kerl konnte nicht mehr richtig schlafen und wurde auch tagsüber unleidlich; er wollte sozusagen »aus seiner Haut heraus«. Schulmedizinisch wurden nur Salben verschrieben, und es wurde auf die positive Wirkung von Sonnenbädern jetzt im Sommer hingewiesen. Einen Allergietest wollte man ihm wegen seines Alters nicht zumuten. Er aß nach Auskunft der Eltern immer weniger, verlangte dafür aber laufend nach Tee und anderen Getränken, auch zwei- bis viermal während der Nacht. Dies ist eine gesunde Reaktion des Körpers, Gifte über die Nieren verstärkt ausscheiden zu wollen.
D. hatte sich in seinem kurzen Leben schon mit sehr vielen Giften auseinandersetzen müssen: mehrere Impfungen, verschiedene Antibiotika und zusätzliche tägliche Gaben von Fluor. Dazu kamen die Ernährung und unsere Atemluft mit einer weiteren Giftbelastung, die uns ja heute alle betrifft.
Bei einer angeborenen allergischen Bereitschaft (Diathese) ist dies eine Kulminierung, die kaum ein Körper verkraften kann - und ganz bestimmt nicht so ein junges Kerlchen!

Die Diagnose stand für mich eigentlich fest, der EAP-Test bestätigte dann einen extrem starken Mykosebefall der Haut und des Verdauungstraktes.
D. bekam von mir als Grundrezept Utilin-Einreibungen, Lymphozil-forte-Tabletten, Perenterol-Kapseln und eine Ampulle Psorinum D_{30}.
Spezifisch kamen die Pilznosoden von Aspergillus niger und von Candida parapsilosis nacheinander zum Einsatz, wobei für Kinder die Zäpfchenform besonders gut angewendet werden kann. Gleichzeitig wurden die als Allergen erkannten Kuhmilchprodukte streng gemieden, alle Allergene per Moratherapie ausgeleitet und der Mineralhaushalt mit Calcium und Zink ausgeglichen. Schon nach einer Weile trat eine deutliche Besserung ein, die schnell zu einer Ausheilung führte. D. bekommt kein giftiges Fluor mehr und hoffentlich auch nie mehr eine Antibiotika-Behandlung!
Aufgeschlossene, liebevolle Eltern lernen sehr schnell die biologischen Zusammenhänge von Medikamenten, Nahrung und Umweltbedingungen. Sie wissen, daß wir uns nicht vor allen Umweltgiften schützen und unsere Kinder weder seelisch noch körperlich unter einer »abschirmenden Käseglocke« großziehen können. Diese Eltern werden zu Mitstreitern für eine saubere Umwelt, sie sträuben sich gegen unnötige Impfungen, gegen Fluor und Amalgam, sie leben selber in Harmonie mit der Natur und ihren Gesetzen und helfen dadurch mit, das Bewußtsein für diese (über)lebenswichtigen Dinge wieder zu wecken.
Viele Mütter machen in unserer Studiengemeinschaft einen Ausbildungskurs in Gesundheitsberatung mit, um in ihrer Familie und natürlich auch im Freundeskreis besser helfen zu können. Alle zusammen werden wir es schaffen, gesunden Kindern eine lebenswerte

Zukunft zu schaffen: ohne chronische Krankheiten, ohne Ängste, dafür mit viel Liebe zu sich selber und zur Natur.

Mykose der Lendenwirbelsäule

Frau L. ist 40 Jahre alt und leidet seit zwei Jahren an sporadisch auftretenden, sehr starken »Kreuzschmerzen«. Die Ausstrahlung der Schmerzen beschränkt sich auf die Lendengegend und das innere Becken, die beiden Ischiasstränge sind nicht betroffen. Bei der Patientin haben chiropraktische Manipulationen und Massagen jeweils zu einer starken Verschlimmerung geführt, Injektionen von Procain u. ä. bringen nur eine kurzfristige Besserung, in der Röntgenaufnahme zeigen sich keine anatomischen Veränderungen.

So wurde die Patientin als »eingebildete Kranke« mit Beruhigungs- und Schmerzmitteln von einem Facharzt zur nächsten Klinik geschickt. Als sie zu mir kam, hatte man bereits beschlossen, eine Unterleibsoperation vorzunehmen, um »mal nachzuschauen«, ob die Schmerzen aus diesem Bereich kämen. Ihre Laborwerte waren nicht auffällig, dafür hatte ihr Nervensystem seine absolute Belastungsgrenze erreicht.

Mit der EAP-Methode testete ich eine Entzündung und eine Candida-Mykose aus. Das Rezept bestand aus der Nosode Monilia albicans als KUF-Reihe, Latensin, Medivitan und Traumeel, jeweils als Injektionen, zu Hause zusätzlich Vitamin B_6 und Ypsiloheel für die Nerven in Tablettenform. Da ich dieser erschöpften Patientin keine Erstverschlimmerung zumuten wollte und konnte, fing ich bei Monilia mit der D_{30} an, zusammen mit zwei

Ampullen Traumeel, Latensin mittel und Medivitan. Die D_{30} benutze ich häufig als sogenanntes Gleitmittel, auch zusammen mit D_{200} oder D_5, um allzu heftige Heilreaktionen abzumildern.
Zusätzlich zu dieser Körpertherapie bekam die Patientin »ihre« Bachblüte, die ich auch immer austeste und anschließend inhaltlich mit jedem Patienten durchspreche. Eine Mykose im Lendenwirbelbereich zeigt deutlich eine Überforderung im sexuellen, partnerschaftlichen Bereich. Dieses Problem muß erkannt und bearbeitet werden, sonst ist alle therapeutische Kunst vergebens.
Frau L. kam drei Wochen lang zweimal pro Woche in die Praxis zur Testung, Injektion und zum persönlichen Gespräch. Dann war der »Spuk« vorbei, und sie war körperlich und seelisch im wahrsten Sinne des Wortes heil geworden.
Ergänzend zu diesem Fall möchte ich wichtige prinzipielle Erkenntnisse und Überlegungen folgen lassen: Jede chronische Entzündung ruft eine Mykose hervor, zumindest im Sinne von Dr. Enderlein. Deshalb ist es erforderlich, bei rheumatischen Beschwerden an der Wirbelsäule oder an den übrigen Gelenken *immer* ein entsprechendes Präparat der Firma Sanum in die Therapie mit einzubauen, in diesen Fällen vorwiegend Latensin und Utilin zusammen mit Nigersan und/oder Mucokehl.
Zusätzlich benötigt dieses Krankheitsbild natürlich Nosoden, entzündungshemmende Mittel und aufbauende Mineralien und Spurenelemente. Degenerative Prozesse können dadurch nicht mehr ungeschehen gemacht werden, aber ein Fortschreiten der Krankheit kann in jedem Fall verhindert werden. Hierzu ist natürlich auch eine gründliche Ausscheidung über Lymphe,

Leber, Niere und Haut erforderlich – zusammen mit einer entsprechenden Psychotherapie.

Mykose der Niere

Frau B. ist 30 Jahre alt und leidet in immer kürzeren Intervallen an Infekten der Blase und der Niere. Sie ist blaß und extrem müde, obgleich das ärztliche Blutbild noch relativ »normal« ist. Bei den Krankheitsattacken kommt es zum Brennen beim Wasserlassen und zu ziehenden Schmerzen in der Nierengegend, manchmal begleitet von zusätzlichen Symptomen wie bei einem grippalen Infekt mit Gliederschmerzen und Nebenhöhlenbeschwerden. Der Urologe findet jedesmal Bakterien, Erythrozyten und Eiweiß im Urin und verordnet pflichtschuldig Antibiotika und Sulfonamide. Die Patientin erholt sich immer nur langsam, wobei die liebevolle Pflege zu Hause und das gleichzeitige Fernbleiben vom ungeliebten Büro sicher eine wichtige Rolle bei der »Heilung« spielen.

In diesem Fall sprechen im Test spezifisch Utilin, Notakehl und Nephritis comp. (Pascoe) an, zusätzlich mußte ich jedoch eine ganze Palette von abwehrsteigernden Medikamenten einsetzen.

Bei chronischen Belastungen regenerieren die Organampullen von Wala in der D_4 oder der Organpotenzreihe von D_3 bis D_{30} sehr wirkungsvoll, hier z. B. Renes und Erythrozyten, denn auch das rote Blutbild wird durch eine chronische Nierenerkrankung zwangsläufig verändert, und der dadurch entstehende Sauerstoffmangel wirkt sich wieder negativ auf die Abwehr, die Mykose und die Psyche aus.

Bei dieser Patientin hatten die vielen Antibiotika-Behandlungen zusätzliche Schäden gesetzt, vor allen Dingen in Form einer autoaggressiven Reaktionslage.
Wenn es mir nicht möglich ist, die verschiedenen verabreichten allopathischen Medikamente zur Nosodenherstellung per Moragerät zu bekommen, so greife ich zum altbewährten Verfahren der Eigenharnbehandlung als Potenz oder mit dem Moragerät.
Bei geschwächten Patienten muß diese Therapie besonders gut ausgetestet und vorsichtig durchgeführt werden, um überschießende Heilreaktionen zu vermeiden. Es ist oft schwierig, bei einem schwerkranken Patienten das richtige Maß von Heilimpulsen, Aufbaumedikamenten und psychologischer Führung zu finden. Das eine hängt vom anderen ab, wobei es für den Patienten meist unverständlich ist, warum er zusätzlich zur Medikamenteneinnahme auch noch Veränderungen in seiner Lebenseinstellung vornehmen soll.
Bei Frau B. konnte ich zwar erreichen, daß sie durch Utilin, die verschiedenen Nosoden und zusätzliche Aufbaumittel während eines ganzen Jahres keine Antibiotika benötigte, aber trotzdem produzierte sie in regelmäßigen Abständen »ihre« Nierenentzündung, jedesmal mit einem neuerlichen Ausbruch der Mykose. Auslöser war jedesmal eine Streßsituation im Büro, die ihr »an die Nieren ging« und vor der sie ins Bett flüchtete.
Als sie selber diese Zusammenhänge immer deutlicher erkannte und sich eingestand, daß ihr zum Akzeptieren, Tolerieren oder Verändern der Situation die Kraft fehlte, kündigte sie – und löste damit ihr Nierenproblem.

Mykose der Lunge

Frau K. kam in meine Praxis, weil sie bereits seit einem Jahr an einer chronischen »Bronchitis« litt. Sie war 50 Jahre alt, ihr allgemeiner Gesundheitszustand konnte, abgesehen von der Bronchitis, als gut bezeichnet werden, ihre Blutwerte waren unauffällig und entsprachen nicht den geschilderten Beschwerden, der Blutdruck war normal, und außer laufend wechselnden »Hustensäften« nahm sie keine Medikamente ein. Die Anamnese ergab, daß sie als Vorläufer der augenblicklichen Erkrankung eine Grippe durchgemacht und mit starken Dosen von Antibiotika relativ schnell überwunden hatte. Nur die chronischen Beschwerden mit den Bronchien kamen immer wieder beängstigend stark und therapieresistent zum Vorschein. Sie klagte über Atembehinderung, Schmerzen hinter dem Brustbein und starken Hustenreiz, der aber nur selten etwas weißlichen Auswurf erbrachte.

Die Verdachtsdiagnose »Mykose der Lunge« lag bei diesen Beschwerden eigentlich schon deutlich vor: Antibiotika-Behandlung, wechselnde chronische Schmerzen, keine veränderten Blutwerte, Hustenreiz und spärlicher weißer Auswurf. Diese Diagnose wurde von der EAP-Testung bestätigt. Nun begann ein langer Kampf zwischen den Mykosen und meiner Therapie, zwischen dem Körper und der Seele der Patientin, zwischen meinem Wunsch zu helfen und dem unbewußten Wunsch der Kranken, die Mykose als Ersatz für dringend benötigte Lebensaufgaben zu behalten.

Ich spritzte die KUF-Reihen von Monilia albicans von der D_5 bis zur D_{200}, gleichzeitig Utilin der Stärken ganz

schwach bis stark, zusätzlich morgens nüchtern Aspergillus niger D_5, je 8 Tropfen auf die Zunge, mittags vor dem Essen verordnete ich 5 Globuli der Nosode Mycosis oris D_5 und zweimal pro Woche Inhalationen mit den Carbonylgruppen SSR und der Rhodizonsäure abwechselnd. Zusätzlich wurde sie nach der Allergietestung und -meidung am Moragerät therapiert und bekam Lymphdrainage und Fußreflexzonenmassage.
Die Heilung vollzog sich so langsam und mit so vielen Rückfällen, daß mir der Geduldsfaden riß.
Trotz vieler Gespräche meinerseits war die Patientin nicht bereit, Dinge in ihrem privaten Bereich durch An- und Aussprechen zu verändern. Und dies ist ja gerade das Prinzip der Lunge: die Kommunikation, das Sprechen, der Austausch von außen und innen.
Sie wollte körperlich gesunden, ohne seelisch irgend etwas in ihrem Leben zu ändern. Also »halfen« die Pilze, dieses Prinzip sichtbar zu machen und durch die Krankheitssymptome den Leidensdruck so weit zu erhöhen, daß die Patientin zumindest bereit war, für ihre Heilung viel Geld und Zeit zu opfern – aber letztendlich prallten alle Versuche an ihrer eigenen, sorgsam gepanzerten seelischen Festungsmauer ab. Endlich verordnete ich zusätzlich sechsmal eine Psycotron-Therapie bei gleichzeitiger Fortsetzung der Medikation – und der Mykosespuk war vorbei!
Sie will jetzt reden, atmen und aktiv am Leben teilnehmen, auch wenn es ihr manchmal noch angst macht. Die kleinen Rückfälle des täglichen Lebens erkennt sie sofort an einem hartnäckigen Räuspern und dem Druck hinter dem Brustbein.
Anstatt sich darüber zu ärgern, hat sie gelernt, die Hinweise der Organsprache dankbar zu akzeptieren, zu übersetzen und auch angemessen zu beantworten.

Heute ist sie glücklich, durch ihre Mykose viele wichtige Zusammenhänge von Seele und Körper, von Gesundheit und Krankheit, von aktivem Leben und inaktiven Gelebtwerden erkannt zu haben. Sie bekommt keine körperlichen Krankheiten mehr, sondern nur noch liebevolle Lernhinweise ihrer seelischen Führung.
Sie erscheint ca. alle drei Monate in der Praxis zu einem kurzen EAP-Test, wir sprechen die augenblickliche Situation durch, und sie bekommt zur Stabilisierung und Harmonisierung eine passende Bachblüte.

Nagelmykose

Herr B. ist Mitte Dreißig, glücklich verheiratet und ohne übermäßige berufliche Belastung. Trotzdem versucht er seit Jahren vergeblich, seine Nagelmykose an den Füßen auszuheilen. Besonders die Großzehennägel sind befallen und geben damit Hinweise auf die Leber, die Bauspeicheldrüse und die Milz, da an diesen Zehen wichtige Akupunkturpunkte für diese Organe zu finden sind. Der Patient klagt außerdem über stark riechenden Fußschweiß, der das Milieu für die Pilze natürlich noch optimiert und der bis jetzt – ebenso wie die Pilze – jeder äußeren Therapie getrotzt hat.
Schweiß als Entgiftungsfunktion des Körpers sollte nie unterdrückt, sondern immer ursächlich ausgeheilt werden, wobei auch das Nervensystem eine wichtige regulative Rolle spielt, die natürlich bei der Behandlung berücksichtigt werden muß.
Herr B. bekam ein Mineralgemisch mit Magnesium für die innere Entspannung, Mangan für die Allergie, Zink

für Haut und Nerven und Notakehl gegen die Pilze: innerlich als Tabletten und äußerlich als Tropfen, wobei auch eine entsprechende Salbe zur Verfügung steht. Nachdem auch die bestehende Allergie erkannt und behandelt wurde, fingen die Nägel sehr schnell an, heil und sauber nachzuwachsen, der Fußschweiß verschwand völlig, und die nervliche Situation des Patienten wurde weiter verbessert – wobei diese bereits vor dem Besuch in unserer Praxis als sehr gut empfunden worden war.

Mykosen sind immer ein sicherer Hinweis auf energetische oder orthomolekulare Defizite, auf Säure-Basen-Verschiebungen, auf eine Allergie und auf chronische Giftbelastungen; deshalb sollten sie von Therapeuten ernst genommen und geduldig und ursächlich ausgeheilt werden, um dadurch schwerwiegenderen Krankheiten frühzeitig vorzubeugen.

Anhang

Wer nach der Lektüre des vorliegenden Buches den Wunsch verspürt, mehr zu erfahren über die Zusammenhänge von Seele und Körper, wer für sich lernen möchte, wie man die Gesundheit durch vorbeugende Maßnahmen bis ins hohe Alter erhalten kann, der wende sich bitte an die *Studiengemeinschaft für Naturheilkunde & Psychologie.* Sie veranstaltet laufend Kurse für Laien und Therapeuten in Eschborn und Irland und schickt Ihnen auf Anfrage gerne Informationsmaterial zu.

Studiengemeinschaft
Naturheilkunde
& Psychologie
Unterortstraße 16
D-65760 Eschborn
Telefon: 0 61 96/4 29 17

Die *Arbeitsgemeinschaft Mykosen (AGM)* versteht sich als Kontaktadresse für betroffene Patientinnen und Patienten, interessierte Therapeuten und für Firmen, die antimykotisch wirkende Naturheil-Präparate herstellen.
Die *AGM* vermittelt die Adressen von Behandlern, führt Kolloquien und Ausbildungskurse für Therapeutinnen

und Therapeuten durch und versteht sich als Mittler zwischen Patient, Arzt und Pharmaindustrie.

Arbeitsgemeinschaft Mykosen
Unterortstraße 16
D-65760 Eschborn
Telefon: 0 61 96/4 29 17

Viele unserer Aktivitäten finden in unserem Zentrum in Südirland statt, wo wir in einem ehemaligen Kloster ein modernes naturheilkundliches Therapiezentrum geschaffen haben. Hier verhelfen uns die noch saubere Umwelt, das baubiologisch optimale Gebäude und das in einer uralten Zisterne wiederentdeckte Heilwasser zu optimalen Erfolgen bei unserer »Kloster-Kur«, unseren Kursangeboten und unseren medizinischen Forschungen. Nähere Auskünfte erhalten Sie über die Eschborner Adresse oder direkt von

BEARA CIRCLE Ltd.
Castletownbere/Co. Cork
Irland

Die Autorin

Ulla Kinon arbeitete nach ihren Sprachstudien als Säuglingsschwester, widmete danach viele Jahre ihrer Ehe und ihren vier Kindern und legalisierte 1977 ihr naturheilkundliches Wissen durch die Heilpraktikerprüfung. Es folgten ausgedehnte Studien in Psychologie, Esoterik und Einzeldisziplinen der Medizin.
In ihrer eigenen Naturheilgemeinschaftspraxis wird Ulla Kinon täglich mit der Tatsache konfrontiert, daß die Anzahl der durch Pilze verursachten Krankheiten ansteigt, ohne daß es für die betroffenen Patienten und Therapeuten entsprechende Aufklärungsmöglichkeiten gibt. Aus dieser Situation entstand das vorliegende Buch in seiner nunmehr dritten, erweiterten Auflage, in dem verständlich und praxisnah auf die verschiedenen Symptome und Heilungsmöglichkeiten bei den vielfältigen Hefe- und Schimmelpilzerkrankungen eingegangen wird.

Von der gleichen Autorin sind im Eigenverlag die Bücher *?Allergie? !Allergie!*, *Virusinfekte* sowie *Ich liebe …* erschienen, *Vitalstoffe* ist in Vorbereitung. Für Bestellungen wenden Sie sich bitte direkt an

Verlegergemeinschaft
Naturheilkunde & Psychologie
Unterortstraße 16
D-65760 Eschborn
Telefon: 0 61 96/4 29 17